GAME OF SQUIDS

Überlebe die Spiele

NUCLEO

Katharina Winter

1. Edition

Autorin:
Lisa Marie Bopp

Umschlaggestaltung &
Layout:
Jonas Weiser

Verlag:
Nucleo – ein Label der
my dna media UG
(haftungsbeschränkt)
Ohmstr. 53
60486 Frankfurt am Main

ISBN:
978-3-98561-020-4

NUCLEO

Fragen, Anregungen, Feedback?

Schreibe uns an **info@nucleo-verlag.de** oder besuche uns im Web auf **nucleo-verlag.de**

Stopp

Um keine Lösungen oder Geheimnisse vorab zu sehen, solltest du die Seiten immer erst dann umblättern, wenn du sie gelesen beziehungsweise das Spiel gespielt hast.

Prolog

Nach einem anstrengenden Tag kommst du nach Hause und möchtest es dir nur noch auf der Couch gemütlich machen. Als du gerade den Fernseher einschalten möchtest, klingelt es an der Tür. Du gehst zur Gegensprechanlage, doch niemand antwortet. Verärgert gehst du wieder zurück ins Wohnzimmer, da klingelt es erneut. Genervt gehst du nun direkt an die Haustür und öffnest sie. Niemand steht davor. Du siehst dich um und findest ein Paket auf dem Boden, eingepackt in schwarzes Papier mit einer pinken Schleife. Darauf abgebildet ist ein seltsames Symbol.

Das Paket übt eine Faszination auf dich aus. Traust du dich, es zu öffnen?

Wenn du das Paket öffnen möchtest, blättere jetzt die Seite um.

Du öffnest das Paket, indem du an der Schleife ziehst. Plötzlich hörst du ein pfeifendes Geräusch und dichter Nebel dringt aus der schwarzen Schachtel.

Du willst das Paket wegwerfen, doch deine Sinne sind bereits benebelt. Du taumelst, deine Beine werden schwach, das Atmen fällt dir schwer. Alles um dich herum verblasst. Deine Augen fallen zu, alles wird schwarz und leer …

Schmerzen. Das ist der erste Gedanke, der dir wieder in den Sinn kommt. Kälte. Du fühlst um dich herum. Schlafen. Hast du dich etwa hingelegt? Du blinzelst, atmest einmal tief durch und kommst langsam wieder zu dir. Was ist passiert, wo bist du? Nur ein wenig grelles Neonlicht erhellt den Raum. Du hast andere Kleidung an – einen bequemen Sportanzug. Auf deiner Jacke erkennst du eine dreistellige Zahl.

Schreibe hier eine Zahl von 001 bis 999 hin:

___ ___ ___

Du tastest um dich. Du bist in einem Raum, gerade groß genug, um sich auf dem Boden hinlegen zu können. Vor dir ist eine Tür. Du greifst nach dem Griff. Verschlossen.

Was ist nur passiert? Du spürst Schmerzen an deinem Hals. Als du deine Hand an die schmerzende Stelle hebst, fühlst du etwas Kaltes. Was ist das? Irgendein Apparat ist um dich geschnallt. Er ist kalt und schwer. Du bekommst Panik und willst nach Hilfe rufen, als sich plötzlich die Tür öffnet. Doch niemand tritt ein. Von der anderen Seite vernimmst du murmelnde Geräusche. Du nimmst all deinen Mut zusammen und wagst es, nach draußen zu treten.

Du bist nicht allein. Beim Heraustreten siehst du einen viel größeren Raum. Fast so groß wie ein Fußballfeld. Eine große Menschenmasse hat sich dort versammelt. Es müssen mehrere hundert, vielleicht sogar fast tausend Leute sein.

Genau wie du tragen sie eine Art stählernes Halsband und wirken verwirrt und benommen. Was ist hier nur los?

Spielhinweise

Auf den nachfolgenden Seiten erwarten dich zahlreiche Spielrunden, die du meistern musst. Bevor die Spiele starten, hier ein paar wichtige Hinweise:

Lies dir zu jedem Spiel die Spielregeln durch. Sie erklären dir genau, was zu tun ist.

Wenn du das Spiel innerhalb eines vorgegebenen Zeitlimits schaffen musst, verwende die Timer-Funktion eines Smartphones oder eine Stoppuhr. Ist der Timer abgelaufen und die Aufgabe nicht erfüllt, gilt das Spiel als verloren.

Teilweise musst du einige Vorkehrungen für das Spiel treffen. In solch einem Fall zeigt dir der Spielaufbau was zu tun ist, bevor es losgeht.

Material

Folgende Utensilien solltest du bereithalten:

- Papier und Stift
- Ein Smartphone mit Timer-/Stopp-Funktion
- Eine 1-Euro-Münze
- Eine Schere
- Ein Trinkglas

Rätsel-Spiele

Spiele, bei denen du ein Rätsel lösen musst, sind mit einem Schloss markiert. Wenn du glaubst, die Lösung zu wissen oder die Zeit abgelaufen ist, darfst du auf die nächste Seite blättern und dir die Lösung ansehen. Wenn du richtig liegst: Herzlichen Glückwunsch, du hast das Spiel gemeistert. Wenn du falsch liegst oder gespickt hast, gilt das Spiel als gescheitert.

Gruppen-Version

Ihr könnt Game of Squids auch als Gruppe spielen. Rätselaufgaben gilt es gemeinsam zu lösen. Bei allen anderen Spielen bestimmt ihr jeweils einen Spieler aus der Runde, der für das gesamte Team antritt.

Wechselt euch bei jedem Spiel ab.

Wall-of-Shame

Ziel dieses Buches ist es, alle Spiele zu meistern und somit zu „überleben“. Vermutlich wird dir dies aber nicht immer gelingen. Für jedes Spiel, das du nicht erfolgreich beenden konntest, musst du hier auf der Wall-of-Shame einen „Killed-Smiley“ hinterlassen. Du darfst dann weiterspielen. Am Ende zählst du deine Einträge auf der Wall-of-Shame zusammen. Sie ergeben deinen Highscore. Je weniger Smileys, desto besser.

Teil 1

Die Spiele beginnen

Spiel
1

Zahlen-Wirrwarr

Ahnungslos schreitest du mit den anderen durch ein dunkles Gewölbe. Eine lange Schlange bildet sich schließlich vor einer eisernen Tür. Wie eingefroren bleiben alle davor stehen und starren verwirrt um sich. Die scharfen Kanten des Apparates um deinen Hals bohren sich schmerzhaft in deine Haut.

Plötzlich schallt aus den Lautsprechern an der Decke eine kühle Stimme: „Willkommen zum ersten Spiel. Um Ihren Hals ist ein Apparat mit einem Schussbolzen angebracht, der sich nach 3:30 Minuten automatisch auslösen wird. Um zu überleben, müssen Sie Ihre Nummer innerhalb der Zeit finden. Schaffen Sie das nicht, wird der Bolzen ausgelöst."

Ein greller Piepton beendet die Durchsage. Der Apparat um eure Hälse leuchtet grün auf. Der Bolzen wurde scharf gestellt. Einige Mitspieler beginnen panisch zu schreien und an dem Apparat zu zerren, da öffnet sich die eiserne Tür. Schnell stürmst du darauf zu und findest dich in einem riesigen Raum mit lauter Zahlen an den Wänden wieder.

Schnell, deine Zeit läuft.

Spielregeln

- Finde die dreistellige Zahl, die du dir auf Seite 6 gegeben hast, in der Abbildung und kreise sie ein.
- Dein Zeitlimit beträgt 3:30 Minuten.
- Findest du die Zahl nicht innerhalb des Zeitlimits, hast du dieses Spiel verloren.

620 828 436 212 079 104 703 048 352 451 677 323
499 260 078 583 251 368 133 981 995 187 253 189 912
168 252 156 085 853 772 953 803 034 452 542 610 830
741 161 985 748 580 940 852 599 777 769 281 815
213 087 864 454 444 316 893 935 966 719 124 744 364
217 509 885 321 795 631 122 365 802 552 255 780 116
999 283 172 756 041 582 355 064 680 634 479 029
868 975 965 030 609 625 765 706 858 628 687 502 393
269 094 273 959 084 256 820 792 848 797 143 644
139 633 796 061 472 008 872 857 664 764 549 646
657 378 603 636 906 278 501 009 979 713 334 105 525
997 566 369 239 387 438 043 659 285 175 102 069
388 345 068 768 267 838 988 394 308 553 182 263 118
236 272 602 535 305 032 374 746 162 818 095 612
090 964 222 947 910 071 415 045 198 023 526 274
951 782 391 812 511 288 540 909 067 418 679 942 784
558 495 058 487 312 346 831 607 591 615 046 641
042 892 578 692 500 152 822 929 072 056 983 286 135
019 291 245 773 097 302 545 927 570 977 174 204
013 899 911 734 994 289 315 149 313 151 146 982
690 619 335 621 435 944 209 413 575 040 714 826
230 730 138 844 505 934 362 571 660 147 557 877
375 310 155 417 063 847 002 403 262 725 020 579
996 485 565 522 331 350 333 969 326 817 532 562 176
617 762 970 295 137 112 640 950 141 126 840 507
205 459 053 543 360 716 760 026 066 309 328 370 203
931 874 871 673 169 433 449 287 469 408 715 971
244 806 598 038 518 474 492 314 180 757 891 564
546 192 121 606 157 924 567 220 397 976 987 728
807 464 144 060 766 442 635 989 630 297 199 240 775
216 614 717 214 778 736 463 721 691 221 027 941

798 586 380 480 223 837 483 482 917 344 712 430 705
183 930 747 682 879 114 324 908 098 407 154 652
560 432 597 332 265 704 783 052 462 036 208 383
347 845 506 921 242 422 412 672 164 884 534 588
829 759 589 356 279 813 638 228 421 401 226 956 573
471 688 134 083 708 771 720 878 277 123 516 389
353 491 642 791 275 390 070 086 304 127 900 683
547 632 645 039 140 851 882 088 470 928 427 466 028
406 809 194 092 555 266 754 678 065 440 477 428
827 903 294 044 317 318 190 298 195 271 372 876
411 243 340 497 527 647 948 870 494 434 035 991 925
576 920 073 727 789 361 867 145 629 235 938 014
416 740 810 737 855 561 738 184 074 896 125 662
431 241 001 923 414 107 699 207 666 108 554 054
410 376 622 358 834 225 563 939 111 551 751 823 171
301 974 745 196 960 384 197 306 166 758 726 219
880 165 723 103 091 424 832 850 824 767 450 336 794
153 224 218 503 268 456 733 059 037 129 849 441
420 419 363 559 515 949 075 296 675 933 785 618
656 142 915 592 062 650 536 835 167 493 386 284
718 793 276 453 510 961 945 018 012 742 701 521
693 616 709 594 109 191 257 750 901 788 508 484 753
665 371 577 458 233 425 395 303 707 946 593 724
895 890 528 385 839 770 439 865 131 595 049 821
866 359 504 958 050 082 992 227 658 447 445 254
179 354 626 025 854 231 581 186 590 007 465 201
119 862 990 022 136 005 280 322 373 916 443 292
517 651 984 936 248 488 457 952 081 897 604 115 887
843 259 357 341 681 860 021 957 761 307 685 003
676 173 861 293 696 539 674 181 055 379 031 448
024 150 655 300 206 349 700 814 611 490 520 986 211
883 537 859 409 099 106 596 663 875 943 270 786
076 396 955 919 898 514 093 460 649 234 800 686
015 446 763 902 033 601 467 833 752 366 496 476
392 627 200 247 648 914 011 695 544 486 188 264
229 574 735 697 808 978 089 698 541 881 836 210 429
684 117 572 776 261 873 489 524 319 382 774 100
077 047 548 400 967 398 667 654 639 249 550 804 330
556 498 343 816 338 148 661 377 337 842 869 481
437 710 185 954 531 329 299 178 351 017 973 004
569 404 519 238 787 739 538 405 096 512 671 918 473
962 669 913 889 237 755 215 805 325 080 584 311
801 972 010 158 159 468 423 290 523 587 624 937
478 250 348 246 729 790 381 702 513 711 904 320 856
177 819 051 722 732 232 202 006 743 529 907 130
653 608 568 993 132 128 731 963 533 670 170 749
623 585 605 799 779 193 426 894 327 811 689 475
932 057 110 258 781 016 282 888 863 905 998 339 367
600 113 455 886 825 461 402 637 530 163 643 120
846 613 160 694 968 342 399 926 922 841 101 668 980

Spiel 2

Torwand

Als du deine Zahl gefunden hast, öffnet sich mit einem Klicken der Apparat um deinen Hals. Du greifst nach ihm und schmetterst ihn auf den Boden. Plötzlich ertönt um dich eine laute Sinfonie, wie hundert Hammerschläge auf hartes Metall. Du schaust dich um. Nach und nach fallen hunderte deiner Mitspieler leblos zu Boden. Sie haben es nicht rechtzeitig geschafft.

Bevor du richtig realisieren kannst, was gerade passiert ist, fallen wie aus dem Nichts hunderte von Bällen von der Decke. Das Ganze kommt dir so unwirklich vor, dass du fast loslachen musst, wäre es nicht so makaber: Der Boden ist ein Fußballfeld – anstatt grünem Rasen ist der Sand aber in das Blut der Toten getränkt und hat eine rötliche Farbe angenommen. Wieder ertönt eine Stimme:

„Glückwunsch und willkommen zum zweiten Spiel. Ihre Aufgabe: Nehmen Sie sich einen Ball und erzielen Sie ein Tor."

Du siehst zu, wie sich der erste Spieler an die Aufgabe wagt. Er holt sich einen Ball, zielt auf das Tor und ... daneben. Nichts passiert. Der Spieler greift sich einen neuen Ball, schießt – und wieder daneben. Er gibt nicht auf. Auch sein fünfter Versuch misslingt. Plötzlich ist ein lauter Knall zu hören. Der Spieler, der gerade noch den Ball gekickt hat, fällt regungslos zu Boden.

Spielvorbereitung

- Schneide das Tor auf der dieser Seite aus und falte den Aufsteller entlang der gepunkteten Linie.
- Knülle etwas Papier zu einer Kugel zusammen.
- Stelle das Tor zwei Meter (zwei große Schritte) von dir entfernt auf den Boden.

Falten

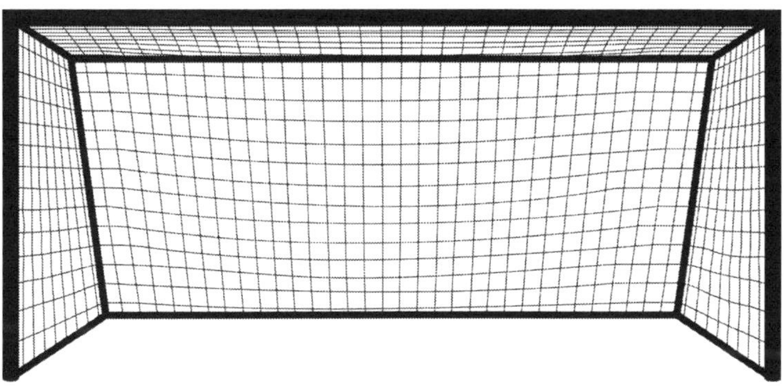

Spielregeln

- Versuche das Tor mit deiner Kugel zu treffen, sodass es umfällt.
- Die Kugel muss wie beim Fußball mit dem Fuß gekickt werden.
- Du hast fünf Versuche.

Spiel 3

Punkte verbinden

Der Ball trifft. Du hast es geschafft. Die ganze Zeit warst du so fokussiert auf den Ball und das Tor, dass es dir nicht aufgefallen ist, doch jetzt siehst du dich im Raum um und erblickst zahllose leblose Körper am Boden. Hattest du die fallenden Schüsse während des Kickens etwa alle ausgeblendet? Zwei weitere Mitspieler fallen zu Boden. Tot.

Kaum verhallen die letzten Schüsse, ertönt wieder diese kalte Stimme aus den Lautsprechern:

„Wir gratulieren. Sie haben das zweite Spiel erfolgreich beendet. Begeben Sie sich nun in den Kreis, in der Mitte des Raums."

Es dauert einige Sekunden, bis sich deine Mitspieler und schließlich auch du in Bewegung setzen. Die meisten wirken sichtlich verstört. Neben dir hörst du eine Frau leise vor sich hinmurmeln: „Das ist nicht wahr. Es ist alles nur ein Traum. Ich muss einfach nur aufwachen."

Plötzlich scheint der Boden zu beben. Der eingezeichnete Kreis fährt als Plattform hinunter. Erst eine Etage weiter unten kommt er zum Stehen. Du siehst dich um und erkennst vier Wände, auf die allerlei Striche gekritzelt wurden. In dem Raum verteilt stehen Staffeleien. Die darauf aufgestellten Leinwände zeigen jeweils neun Punkte.

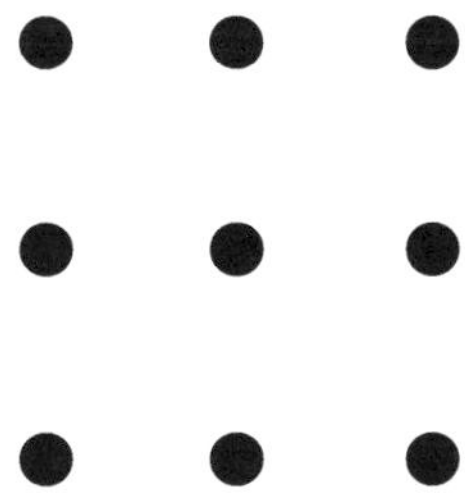

„Für das nächste Spiel, treten Sie bitte an je eine Leinwand und verbinden die Punkte."

Du siehst, wie die murmelnde Frau auf eine Leinwand zugeht, den dort liegenden Stift nimmt, und ohne zu zögern anfängt, die Punkte zu verbinden. Nach fünf Strichen schießt ein Metallpfahl aus dem Boden. Er durchbohrt sie von unten nach oben.

Spielregeln

- Verbinde die Punkte miteinander.
- Jeder Punkt muss von einer Linie berührt werden.
- Du darfst den Stift nicht absetzen und die Linien müssen gerade gezogen werden.
- Du musst es mit vier Linien schaffen.
- Du hast maximal fünf Minuten Zeit.

Die Lösung findest du auf der nächsten Seite.

Lösung

Es gibt mehrere Lösungswege. Ein Vorschlag, wie du das Rätsel lösen könntest, ist dieser:

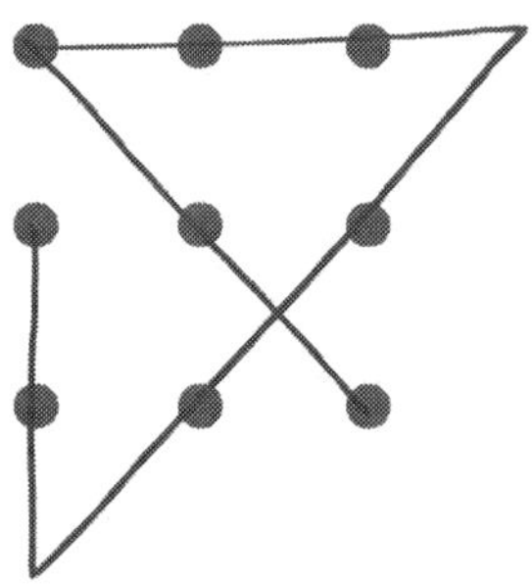

Spiel
4

Wasser-Wörter

Die Punkte sind verbunden. Du hast nur vier Striche gebraucht. Der Stift fällt aus deinen Händen. Noch bevor er den Boden berührt, spürst du ein Stechen im Arm. Deine Sicht verschwimmt und du landest auf den harten, kalten Fliesen. Dein Stift rollt dir vors Gesicht. Hast du etwa doch verloren?

Du erwachst in einem neuen Raum. Der Betäubungspfeil steckt noch immer in deinem Arm. Du ziehst ihn heraus und schaust dich um. Vor dir liegt ein weißes Blatt Papier und ein Stift. An der Wand gegenüber siehst du hunderte kleine rote Türen. Auf ihnen sind die Nummern der Spieler auf großen Schildern angebracht, jeweils mit einem Schlitz direkt darunter. In der Mitte des Raums hängt ein Würfel von der Decke, auf dem eine riesige, digitale Zeitanzeige prangt. Die Uhr steht auf 03:30.

„Herzlichen Glückwunsch. Sie haben es in die nächste Runde geschafft. Das nächste Spiel verlangt von Ihnen, zehn Wörter aufzuschreiben, die mit ‚Wasser' beginnen. Haben Sie diese Aufgabe in der vorgegebenen Zeit gelöst, scannen Sie die Wörter an der für Sie vorgesehenen Tür."

Mit einem langgezogenen Summen, dass durch den Raum schallt, setzt sich die Zeitanzeige in Bewegung. Doch nicht nur das. Die Wände links und rechts von dir rumpeln und fahren aufeinander zu. Deine Zeit läuft ab.

1. Wasser
2. Wasser
3. Wasser
4. Wasser
5. Wasser
6. Wasser
7. Wasser
8. Wasser
9. Wasser
10. Wasser

Spielregeln

- Finde zehn verschiedene Worte, die mit „Wasser" beginnen.
- Die Wörter dürfen sich nicht wiederholen oder eine nur leicht abgewandelte Version des vorherigen Wortes sein (Beispiel: Wasserball, Wasserbälle).
- Stelle einen Timer: Du hast 3:30 Minuten Zeit.

Spiel 5

Schiffe versenken

Nur knapp schaffst du es durch den Durchgang, der dich zu deiner Tür bringt. Hinter dir hörst du Schreie, doch du drehst dich nicht um. Ein Mann rennt an dir vorbei, reißt eine Frau, die nach dem Einscannen gerade durch ihre Tür gehen will, zu Boden und will selbst hindurchschreiten. Er schafft nur einen Schritt, bevor er leblos in sich zusammensackt.

Die Frau rappelt sich auf und geht entschlossen ins Ziel. Sie weicht dem Toten nicht aus, sondern tritt einfach auf ihn. Wo bist du hier nur gelandet?

Durch deine Tür hindurch kommst du in einen Raum, in dem nur du dich befindest. Es erwartet dich ein großes Spielfeld mit mehreren Quadraten. Auf der oberen Seite des Feldes stehen Buchstaben. Über jedem Viereck einer. Am linken Rand sind Ziffern zu erkennen, die den Quadrat-Reihen jeweils eine Zahl zuordnen. Das Feld erinnert dich an ein Schachbrett, nur dass die Quadrate nicht Schwarz oder Weiß eingefärbt wurden.

„Willkommen zum nächsten Spiel: Schiffe versenken. Treten Sie in das Quadrat, in dem Sie die versteckten Schiffe des Gegners vermuten."

Du merkst, dass du noch immer deinen Stift in der Hand hältst und wirfst ihn über ein Feld. Er landet in einem der Quadrate und löst eine Explosion aus. In dieses Feld wirst du nicht mehr treten.

Spielregeln

- Blättere die Seite um und merke dir, auf welcher Position sich die Schiffe befinden. Du hast 30 Sekunden Zeit, dir die Positionen zu merken.
- Gehe dann zurück auf die vorige Seite. Durchbohre mit deinem Stift fünf Mal die Seite, dort wo du glaubst, dass sich die Schiffe befinden. Erst wenn du fertig bist, darfst du wieder umblättern und das Ergebnis überprüfen.
- Du musst mindestens vier von fünf Schiffen versenkt haben, um zu gewinnen.

Tipp: Beachte, dass sich die Schiffe auf einem gespiegelten Raster befinden.

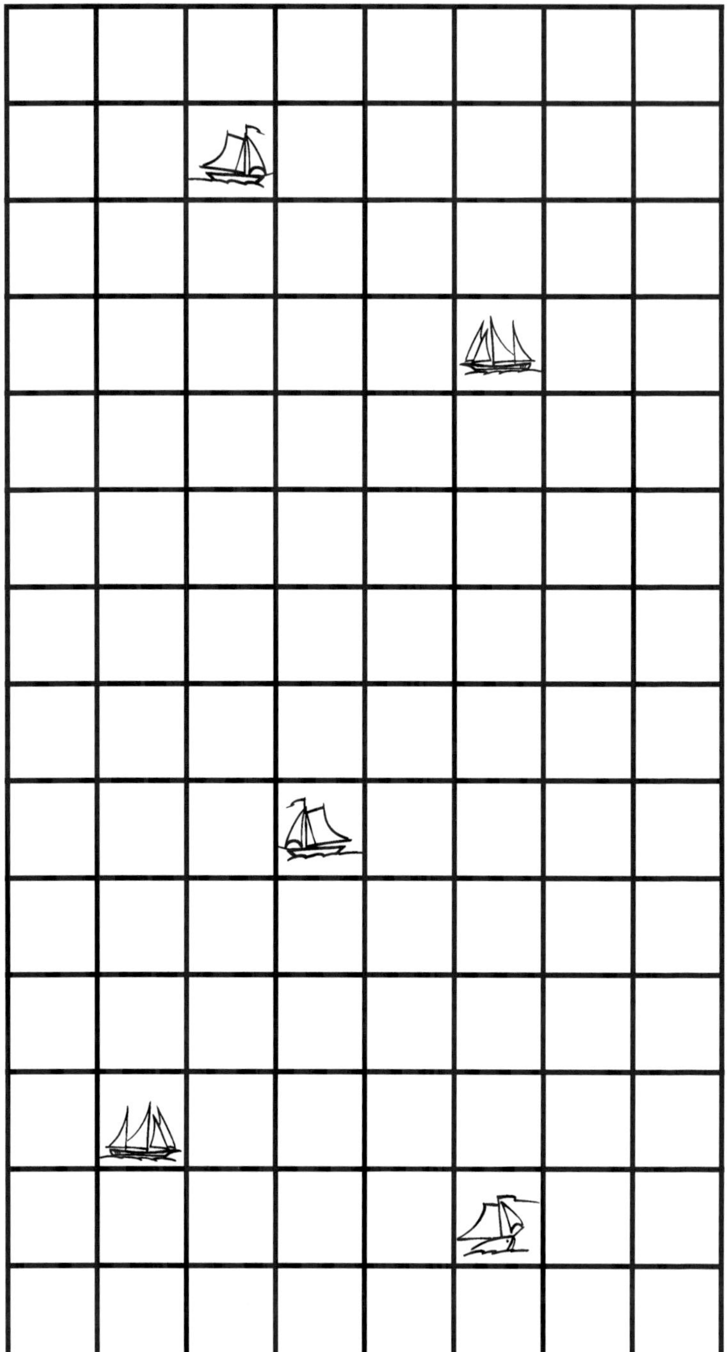

Spiel 6

Balance

Du trittst auf das letzte Feld und ein Gong ertönt. Hinter dir und neben dir explodieren die Minen der falschen Quadrate alle auf einmal. Unter deinen Füßen bleibt es still. Du hast es geschafft.

Ein Konfetti-Regen übergießt dich und die Wand vor dir fährt nach oben. Du gehst hindurch und trittst in einen Gang aus Glas. Durch die Scheiben links und rechts siehst du auch andere Spieler auf den großen Platz treten. Die Gänge führen alle in die Mitte, doch du bleibst vorher stehen. Eine gläserne Tür blockiert den weiteren Weg.

„Sie haben es geschafft. Das nächste Spiel erwartet Sie bereits."

Hinter der Tür erkennst du ein Holzbrett, das leicht erhöht an Seilen über dem Boden schwebt. Ein Buch und eine Münze befinden sich darauf.

„Um in den nächsten Raum zu gelangen, müssen Sie den schwingenden Klingen fünf Mal ausweichen. Balancieren Sie dabei sowohl das Buch als auch die Münze auf Ihrem Kopf."

Die Glastür öffnet sich mit einem Klick. Zeitgleich startet ein Countdown von einer Minute abwärts. Durch die Scheibe neben dir siehst du, wie ein Mitspieler sich die Gegenstände auf den Kopf legt und furchtlos auf die Holzplatte tritt. Kaum befinden sich beide seiner Füße auf dem Brett, fällt eine riesige, an einem Drahtseil befestigte, Klinge von der Decke. Sie schwingt gefährlich von links nach rechts. Er schafft es nur knapp, sich rechtzeitig zu ducken. Das Buch und die Münze landen durch den Schwung auf dem Boden. Er richtet sich zitternd auf und wird von einem Pfeil durch den Hals getroffen.

Der Spieler auf der anderen Seite schafft es, der Klinge auszuweichen, ohne dass die Gegenstände hinunterfallen. Die Klinge streift das Buch lediglich ein wenig und hinterlässt einen Riss. Auch diesen Spieler trifft ein Pfeil.

Spielvorbereitung

- Lege dir das Buch mit der darauf liegenden Münze flach auf den Kopf.

Spielregeln

- Mache zehn Kniebeugen, ohne dass die Gegenstände hinunterfallen.
- Du hast eine Minute Zeit.

Spiel 7

Filme raten

Nach deiner fünften Kniebeuge stehst du wieder gerade und die Klinge hört auf sich zu bewegen. Vor dir öffnet sich eine weitere Tür, die dich in die Mitte des Raums bringt.

Hier versammelt tummeln sich die anderen Gewinner des Spiels. Es werden immer weniger und weniger.

Erneut setzt sich der Boden unter euren Füßen in Bewegung. Eine Art Falltür öffnet sich und gibt den Weg auf eine Wendeltreppe frei, die euch noch weiter nach unten führt.

Bis auf ein paar gedimmte Wandleuchten ist alles dunkel. Du kannst eine große Wand ausmachen, vor der viele Sessel stehen. Je weiter hinten die Sessel stehen, desto höher befinden sie sich. Auf der großen Wand erscheint ein Bild. Auf weißem Hintergrund stehen dort die Worte „Filme raten". Es ist also ein Kinosaal.

Ein Spieler nach dem anderen traut sich und setzt sich in die mit rotem Samt bezogenen Sessel. Sobald alle ihren Platz eingenommen haben, erscheint ein neuer Text auf der Leinwand.

„Erraten Sie die Titel der drei beschriebenen Filme."

Du merkst, dass dich etwas am Rücken stört und greifst hinter dich. Du ziehst einen Schreibblock mit einem Stift hervor.

Auf der Leinwand erscheinen die ersten beschreibenden Worte. Eine Anzeige in der rechten oberen Ecke zählt von fünf Minuten abwärts. Das Spiel beginnt.

Spielregeln

- Notiere die Titel der Filme, die hier beschrieben werden.
- Hinweis: Es handelt sich um Kinderfilme.
- Du hast fünf Minuten Zeit dafür.
- Nach Ablauf der Zeit, blättere um, und du siehst die Lösung. Nur wenn du zwei von drei Filmen richtig erkannt hast, gewinnst du das Spiel.

Die Lösung findest du auf Seite 34.

Ein Dieb und Lügner spielt einer Frau etwas vor, um sie für sich zu gewinnen. Als er sich immer weiter in seinen Lügen verstrickt und die Frau einen politisch erfolgreichen Mann heiraten soll, versucht er diesen mit Hilfe seines versklavten Dieners und einem eigenwilligen Teppich aus dem Weg zu räumen.

1 Titel: ______________________

Nachdem seine Frau und nahezu all seine Kinder von einem brutalen Serienmörder dahingerafft wurden, bleibt ein Vater mit seinem einzigen überlebenden Sohn allein zurück. Scheinbar in Sicherheit wächst der Junge mit einer körperlichen Behinderung auf, die auf den Angriff in seiner Kindheit zurückzuführen ist. Durch eine rebellische Aktion des Sohns, gerät dieser in die Hände von Kidnappern, die ihn verschleppen. Außer sich in Sorge, begibt sich der Vater auf die Suche nach ihm. Seine einzige Hilfe: eine mental angeschlagene Frau.

2 Titel: ______________________________

Ein Mann entdeckt auf einer Geschäftsreise ein verlassenes Haus und dringt dort ein, um sich vor dem kalten Winter zu schützen. Der Besitzer des Hauses erwischt ihn dabei und hält ihn für sein Vergehen fest. In Sorge begibt sich die Tochter des Mannes auf die Suche nach ihrem Vater und löst ihn aus seiner Gefangenschaft aus – im Gegenzug wird sie als Geisel genommen. Als ein allseits beliebter junger Mann, der um ihre Hand anhält, sie aus dieser Situation retten will, entscheidet sie sich lieber dafür, bei ihrem Peiniger zu bleiben.

3 Titel: ______________________________

Lösung

1 Aladdin

2 Findet Nemo

3 Die Schöne und das Biest

Spiel 8

Tödliche 12

Du legst den Schreibblock mit deinen Antworten vor dich auf den Boden. Gerade versuchst du herauszufinden, wie du in den nächsten Raum kommst, da öffnet sich über dir eine Klappe in der Decke und dein Stuhl schießt nach oben.

Die Schreie der Mitspieler, die es nicht geschafft haben, verstummen, als dein Stuhl oben ankommt und sich die Klappe unter dir schließt.

Neben den anderen Spielern befinden sich nun auch in Schwarz gekleidete Personen im Raum. Einer von ihnen kommt auf dich zu und streckt dir wortlos ein Klemmbrett entgegen. Du nimmst es und siehst darauf ein Kreuzworträtsel.

Die Personen in Schwarz verteilen die Rätsel und stellen sich dann an einer Wand auf, in deren Mitte eine rote Tür zu sehen ist.

Wie auf Stichwort holen sie alle Gasmasken hervor und setzen sie auf. An euch wurden keine Masken verteilt.

„Zehn Minuten."

Spielregeln

- Löse das Kreuzworträtsel und schreibe das Lösungswort auf. Du hast zehn Minuten Zeit.
- Nach Ablauf des Zeitlimits, blättere um, und du siehst die Lösung. Wenn dein Lösungswort mit dem gesuchten Wort übereinstimmt, hast du dieses Spiel gemeistert.

Die Lösung findest du auf Seite 38.

1. Unfreiwilliges Verschleppen einer Person
2. Toxisches Mordmittel
3. Kampf um das Überleben zur Belustigung
4. Schusswaffe, die häufig Cowboys benutzen
5. Person, die über Regeln eines Spiels bestimmt
6. Der Zustand, den ein toter Körper durchläuft
7. Aus dem Leben geschiedener Mensch
8. Veraltete Methode zur Hinrichtung von Kriminellen
9. Gebäude, um Menschen festzuhalten
10. Ort, an dem ein Verbrechen stattgefunden hat
11. Gewissenloses, miteleidloses, perfide Verhalten
12. Hintergehen der Treue

Lösungwort:

__	__	__	__	__	M	M	__	__	__
I	II	III	IV	V			VIII	IX	X

Lösung

Lösungwort: Verdammnis

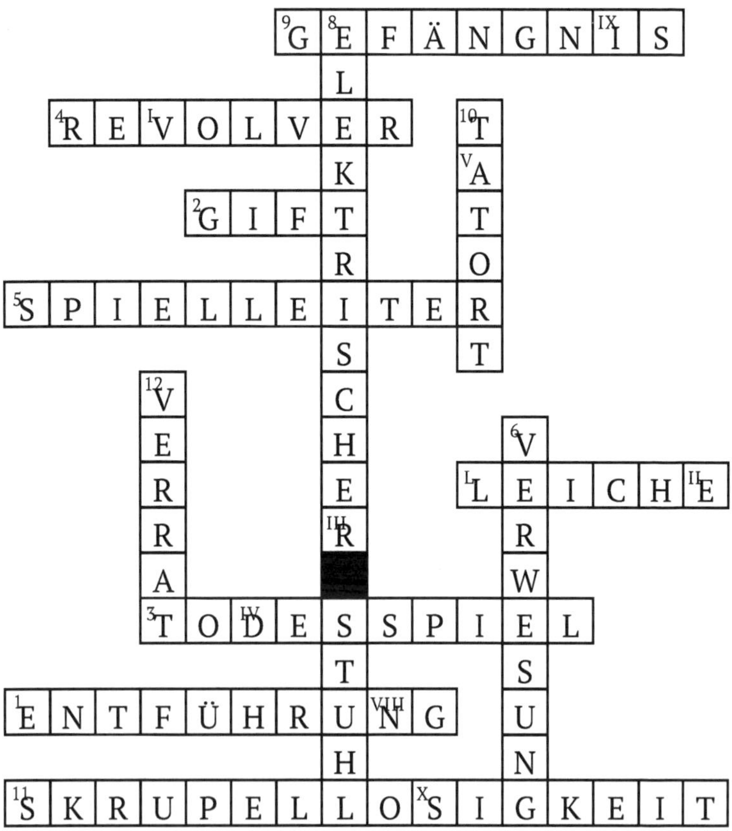

Spiel 9

Schreibfehler

Mit zitternder Hand legst du den Stift auf den Boden. Hast du es innerhalb der Zeit geschafft? Ein Mann in Schwarz kommt auf dich zu und nimmt dir das Klemmbrett ab. Nach einem prüfenden Blick auf deine Antworten, fordert er dich auf, mitzukommen.

Nervös folgst du ihm zur roten Tür, die er durch einen Fingerabdruck-Scan für dich öffnet.

Du gehst hindurch und betrittst den dahinterliegenden Raum. Bist du etwa die ganze Zeit über in deiner alten Schule gewesen? Der Raum sieht haargenau aus, wie dein altes Klassenzimmer.

Sogar Plakate von verschiedenen Referaten hängen an den Wänden. Geografie, Mathematik, Geschichte. Jedes Thema ist vorhanden.

Deine Mitspieler scheinen sich ebenso in ihre Schulzeit zurückversetzt zu fühlen wie du. Sie setzen sich zögerlich an die einzelnen Tische, auf denen bereits die nächste Aufgabe parat liegt. Du setzt dich ebenfalls und zuckst zusammen, als sich Fußfesseln um deine Knöchel schließen, die dich an den Platz ketten.

„Schön, dass Sie es bis hierhergeschafft haben. Finden Sie die Fehler, die sich in dem Text vor Ihnen befinden."

Zwei Reihen hinter dir will ein Mitspieler eine Frage in den Raum werfen, doch bevor er sie ausformulieren kann, bekommt er einen elektrischen Schlag von seinem Stuhl. Der Körper raucht noch immer, als dir klar wird, dass in einem Klassenzimmer nur gesprochen werden darf, wenn sich vorher gemeldet wurde.

Spielregeln

- Finde alle acht Rechtschreibfehler im Text und markiere sie.
- Du hast zwei Minuten Zeit.
- Nach Ablauf der Zeit, blättere um, und du siehst die Lösung.
- Nur wenn du alle acht Fehler gefunden hast, gilt das Spiel als geschafft.

Die Lösung findest du auf Seite 42.

An einem warmen Sommertga wie heute gibt es nichts Schöneres, als sich ins Gras zu legen und die Sonne zU genießen.

Am blauen Himmel über dir ziegen die Vögel vorbei uns keine Wolke ist zu sehen. Kommt dann auch noch ein kleines, Flauschiges Kätzchen vorbei und legt sich zu dir, so ist das Glüg komplett.

Dann kannst du ihm das weiche Fell streicheln und zuhören, wie es schnurrt. So könntest du liegen bleiben, bis der Tag sich dem ende neigt.

Schade, dass du das nicht richtig genießen kannst, weil du dich gerade in einem Spiel auf Leben und Tot befindest.

Lösung

An einem warmen Sommertga wie heute gibt es nichts Schöneres, als sich ins Gras zu legen und die Sonne zU genießen.

Am blauen Himmel über dir ziegen die Vögel vorbei uns keine Wolke ist zu sehen. Kommt dann auch noch ein kleines, Flauschiges Kätzchen vorbei und legt sich zu dir, so ist das Glüg komplett.

Dann kannst du ihm das weiche Fell streicheln und zuhören, wie es schnurrt. So könntest du liegen bleiben, bis der Tag sich dem ende neigt.

Schade, dass du das nicht richtig genießen kannst, weil du dich gerade in einem Spiel auf Leben und Tot befindest.

Spiel 10

Papierformen

Zögerlich hebt ein Spieler vor dir die Hand. Die Stimme aus dem Lautsprecher ruft eine Nummer auf, die scheinbar zu der sich meldenden Person gehört.

„Ich bin fertig. Wo soll ich …"

Doch er muss seinen Satz nicht zu Ende sagen. Sein Arbeitsblatt wird durch einen Luftzug in einen Schlitz im Tisch eingesogen. Nach wenigen Sekunden ertönt ein kurzes Piepen und der Tisch leuchtet grün auf. Die Fußfesseln springen auf und der Mann darf sich zur Tür am anderen Ende des Raums begeben. Auch du bist mit deiner „Klassenarbeit" fertig, meldest dich, dein Tisch wird grün und die Fesseln öffnen sich.

Angekommen im nächsten Raum, fragst du dich, wie lange dieses Spiel noch so weitergeht. Bis nur noch einer von euch übrig bleibt?

„Willkommen zum nächsten Spiel. Bitte teilen Sie sich in drei Gruppen auf. Die Spieler mit den Zahlen von 0 bis 333 begeben sich auf die linke Seite. Teilnehmer mit der Nummer 334 bis 667 stellen sich bitte in die Mitte des Raums. Befindet sich die Höhe Ihrer Zahl über den bereits genannten, stellen Sie sich bitte rechts auf."

Du gehst gemäß der Anweisung zu deiner Gruppe. Dort angekommen fallen Flugblätter aus Löchern in der Decke. Bei jeder Gruppe landen Blätter mit einem bestimmten Symbol darauf.

„Trennen Sie das Symbol heraus."

Du siehst, wie sich ein Mitspieler hektisch ans Werk macht und versucht, das Papier an den Linien entlang einzureißen. Dabei gelangt auch ein Riss mitten durch das Symbol. Der Spieler weiß, was als nächstes kommt und versucht, davonzulaufen. Der Schuss trifft ihn genau zwischen die Augen und er sackt leblos zu Boden. Dir fällt ein, dass du den Stift aus der vorigen Aufgabe mit in diesen Raum genommen hast. Das gibt dir die Idee, das Papier nicht einfach zu reißen, sondern das Symbol herauszupiksen.

Spielvorbereitung

- Schneide die Seite aus dem Buch aus.

Spielregeln

- Pikse das Symbol mit deinem Stift aus. Das Symbol darf nicht beschädigt werden oder zerreißen.
- Wenn außerhalb der grauen Markierung ein Riss oder Piks zu sehen ist, hast du das Spiel nicht bestanden.
- Es gibt kein Zeitlimit.

Spiel 11

Schlangenwort

Dir läuft der Schweiß von der Stirn, aber du hast es geschafft. Du hältst das intakte Symbol in die Luft und atmest einmal tief durch. Beinahe musst du laut loslachen. Warst du nicht clever? Den Stift zu nutzen war wirklich eine brillante Idee.

Auch andere Teilnehmer recken ihre Symbole in die Luft. Deine Gruppe scheint viele Gewinner hervorzubringen. Du schaust dich um und siehst, dass die Gruppe neben deiner schon beinahe die Hälfte ihrer Mitglieder verloren hat. Sie liegen verstreut auf dem Boden. Scheinbar haben auch hier einige versucht wegzulaufen.

Langsam wird dir klar, dass auch du hier sterben könntest.

Erst als der letzte Schuss fällt, öffnet sich das Tor zum nächsten Raum. Moment. Ist das ein Raum? Alles ist grün, Bäume wachsen, ein kleiner Bach schlängelt sich durch die grüne Wiese. Seid ihr frei? Nein. Enttäuscht stellst du fest, dass der scheinbar weit entfernte Horizont nur eine Tapete ist. Es ist also doch nur ein weiterer Raum.

„Herzlichen Glückwunsch. Sie haben den nächsten Abschnitt des Spiels erreicht. Hier besteht Ihre Aufgabe darin, Wörter zu finden. Nutzen Sie die bereitliegenden Schreibblöcke. Das erste Wort lautet „Schlange“. Bilden Sie nun ein Schlangenwort aus zehn weiteren Wörtern.“

Spielregeln

- Finde zehn Wörter, die du an das Wort „Schlange" reihen kannst.
- Der letzte Buchstabe des ersten Wortes, muss immer der erste Buchstabe des Nächsten sein. (Beispiel: ApfeL – LügE – EsseN – Nacht ...)
- Du hast eine Minute Zeit.

Schlange

1. E
2.
3.
4.
5.
6.
7.
8.
9.
10.

Spiel 12

Bilderrätsel

Zehn. Du hast alle Wörter und erlaubst dir, einmal tief durchzuatmen. Du machst dich langsam auf den Weg zur nächsten Tür. Zum nächsten Raum.

Gerade, als du dich in der Tür befindest, schnellt plötzlich von links und rechts irgendetwas aus dem Rahmen. Genauso schnell verschwindet es wieder, doch du spürst, dass sich etwas geändert hat. An deinem Handgelenk befindet sich eine Art Armband. Ist das ein gutes oder ein schlechtes Zeichen?

Nach dem künstlichen Garten befindest du dich jetzt in einer Art Kunstgalerie. An den Wänden hängen hunderte Gemälde. An einer Seite hängen zwei Bilder in Übergröße. Scheinbar handelt es sich um das gleiche Motiv, das genau nebeneinander aufgehängt wurde.

Doch dir fällt etwas auf. Ein kleines Detail, welches das eine Bild von dem anderen unterscheidet. Ist dies das nächste Spiel?

Hinter dir fällt die Tür zum vorigen Raum ins Schloss. Dein Armband piept kurz und ein grünes Lämpchen leuchtet. Es ist scharf.

Auf dem Fußboden erscheint eine Anzeige. Ein Countdown. Du hast zwei Minuten. Eine Durchsage gibt es nicht.

Stattdessen schreit eine Frau herum. Sie schlägt mit dem Arm gegen die Wand. Will sie etwa versuchen, das Armband zu zerstören? Könnte das funktionieren?

Tatsächlich reißt es mit einem lauten Krachen ein. Das Lämpchen darauf wird rot, die Frau bleibt stocksteif stehen. Sie verkrampft und fällt tot zu Boden. Ein Gift wurde durch das Armband freigesetzt.

Währenddessen läuft die Zeit unerbittlich weiter ab. Du solltest dich beeilen.

Spielregeln

- Finde alle Unterschiede zwischen den zwei Bildern.
- Kreise sie ein.
- Du hast zwei Minuten Zeit dafür.
- Die genaue Anzahl der Unterschiede ist dir nicht bekannt.
- Vergleiche nach Ablauf der Zeit deine Antworten mit der Lösung auf der nächsten Seite. Nur wenn du alle Unterschiede gefunden hast, gilt das Spiel als geschafft.

Die Lösung findest du auf Seite 52.

Lösung

Ingesamt haben sich fünf Unterschiede in das Bild eingeschlichen.

Spiel 13

Aufgabenliste

Der letzte Unterschied ist gefunden. Dein Armband piept und wechselt zu einem gelben Licht. Obwohl es nicht auf Rot springt, scheint es abgeschaltet zu sein. Vorerst.

Zusammen mit dem Piepen des Armbands gibt auch die Tür zum nächsten Raum einen Ton von sich. Du gehst zu ihr und öffnest sie. Beinahe kippst du vor Schreck um, als du den Raum dahinter betrittst. Nicht, weil das, was du siehst, dich erschreckt, sondern das, was du hörst. Wahnsinnig laute Musik dröhnt aus den Lautsprechern. Du blickst dich nervös um und siehst auch in deinen Mitspielern eine wachsende Anspannung. Der letzte Spieler betritt den Raum und die Tür schließt sich hinter ihm.

„Wir gratulieren Ihnen zum Erreichen einer weiteren Runde. Ohne weitere Umschweife beginnt das nächste Spiel. Viel Glück."

Kaum verklingt die kühle Stimme, fallen zahllose Flugblätter von der Decke und eine Zeitanzeige in der Ecke läuft von einer Minute rückwärts. Am anderen Ende des Raums greift sich ein Spieler ein Blatt und beginnt beinahe fanatisch mit der Aufgabe. Er fasst sich nur wenige Sekunden später an die Brust. Scheinbar kann er nicht richtig atmen und ist nur wenige Momente später tot. Ein Herzinfarkt.

Schnell schnappst du dir ein Flugblatt. Eine Reihe von Aufgaben steht darauf, die Musik wird immer schneller. Los, los, los!

Spielregeln

- Bearbeite die Herausforderungen auf der Aufgabenliste innerhalb von einer Minute.

1. Lies dir die Aufgabenliste genau durch, bevor du startest.
2. Wirf eine Münze in die Luft und fange sie.
3. Leg die Münze mittig vor dich.
4. Steh auf und dreh dich zwei Mal im Kreis.
5. Schreibe fünf Dinge mit einem A am Anfang auf.
6. Mache drei Hampelmänner.
7. Atme tief ein und aus.
8. Zähle wie viele Wochen es noch bis Weihnachten sind.
9. Laufe einmal um einen Stuhl.
10. Setz dich wieder vor das Buch.
11. Fass dir an die Nase.
12. Befolge alle vorherigen Aufgaben nicht.

Spiel 14

Durchhalten

Die Uhr fällt auf null. Dein Armband wird grün, die Musik stoppt. Das Spiel ist zu Ende.

Dir bleibt allerdings kaum Zeit zum Durchatmen. Die Wände des Raumes fahren hinunter und zu sehen sind nun Wände aus Glas. Von der Decke bis zum Boden sind sie durchsichtig. Dahinter: Wasser. Du fühlst dich wie in einem riesigen Aquarium und kannst nicht anders, als zu staunen. Fische in allen Farben der Erde und sogar Schildkröten und Rochen sind zu sehen.

Was um alles in der Welt geht hier nur vor sich? Was ist das für ein Ort und WARUM BIST DU HIER?

„Durchhalten."

Was soll nun wieder diese Durchsage bedeuten? Wasser strömt in den Raum. Deine Mitspieler fangen an zu schreien. Keine weitere Durchsage, nur das Wasser, das langsam steigt.

Spielregeln

- **Halte die Luft für 60 Sekunden an. Schaffst du dies nicht, gilt das Spiel als verloren.**

Spiel 15

Code

Deine Lungen brennen. Lange kannst du nicht mehr aushalten. Du brauchst Luft! Um dich herum siehst du wie deine Mitspieler einer nach dem anderen aufgibt. Einige Körper schwimmen bereits leblos im Wasser um dich herum.

Dann die Erlösung: das Wasser läuft ab. Du holst tief Luft. Du siehst, wie die Fische hinter den Glaswänden seelenruhig weiterschwimmen, als würden nicht gerade die letzten Wassertropfen von den leblosen Körpern tropfen, die überall verteilt auf dem Boden liegen.

„Bitte treten Sie nun in den nächsten Raum, um mit dem nachfolgenden Spiel zu beginnen."

Der Raum, in dem du dich jetzt befindest, ist nur spärlich beleuchtet. Die Hauptlichtquelle sind Laser. Sie sind im ganzen Raum verteilt und versperren den Weg zur nächsten Tür. Über der Tür befindet sich ein Schild mit drei Symbolen darauf. Wieder betreten Personen den Raum, die komplett in Schwarz gekleidet sind. Sie verweisen auf einen Stapel Papier, von dem ihr euch jeder eines nehmen sollt. Darauf fändet ihr die Lösung, um das Schloss an der nächsten Tür zu öffnen.

Du siehst auf das Blatt Papier in deiner Hand und dir kommt eine Idee …

Spielregeln

- Löse das Rätsel, um das Schloss zu öffnen.
- Du hast drei Minuten Zeit.
- Nach Ablauf der Zeit, blättere um und überprüfe deinen Code mit der Lösung. Nur wenn beide identisch sind, hast du dieses Spiel bestanden.

Die Lösung findest du auf der nächsten Seite.

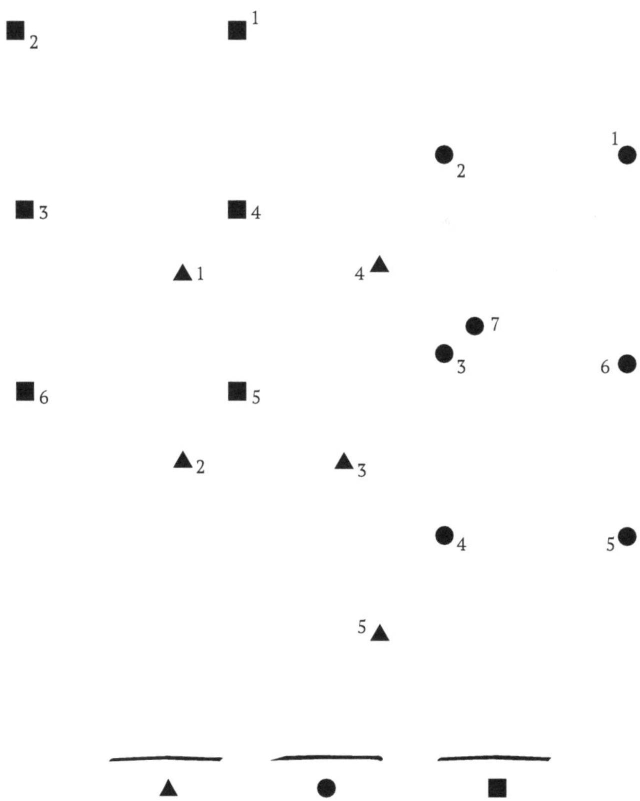

Lösung

Die richtige Antwort lautet 465. Um zu diesem Code zu gelangen, musst du die jeweiligen Symbole in der entsprechenden Zahlenfolge verbinden.

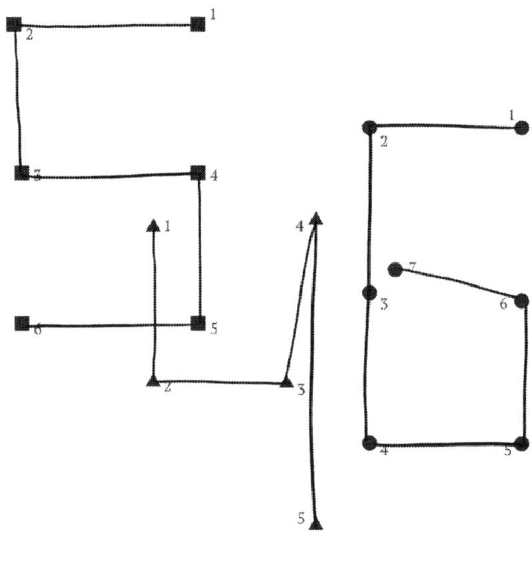

Das Schloss klickt, die Tür öffnet sich. Du hast es geschafft. Du atmest tief durch. Die letzten Stunden waren verrückt. Was um alles in der Welt passiert hier gerade?

Ein älterer Mann neben dir bleibt sitzen. Du fragst ihn, ob er Hilfe beim Aufstehen braucht, um zur nächsten Tür zu kommen. Aus leeren Augen sieht er dich an.

„Ich will nicht mehr. Ich werde nicht tun, was die von mir wollen. Ich bleibe hier."

Du versuchst ihn zu überzeugen mit dir zu kommen, doch er weigert sich weiterhin.

„Bitte gehen Sie weiter", ertönt es aus einem Lautsprecher, „andernfalls sehen wir uns gezwungen, Sie zu eliminieren."

Ohne den Mann machst du dich auf den Weg in den nächsten Raum. Bevor sich die Tür hinter dir schließt, siehst du wie zwei Personen in Schwarz an den alten Mann herantreten – Waffen erhoben. Du hörst die Schüsse und die Tür hinter dir fällt ins Schloss.

Teil 2

Eine Freundschaft

Spiel 16

Wort in Wort

Im nächsten Raum erwartet dich ein Chaos aus Schwarz und Weiß. An den weißen Wänden, der weißen Decke und dem weißen Boden sind überall schwarze Buchstaben in verschiedenen Größen aufgemalt.

An den Wänden befinden sich Whiteboards, die mit den Zahlen der Spieler versehen sind. Daneben ist jeweils eine Glastür zu sehen, die in einen kleinen Raum führt.

Wie die anderen Spieler auch, machst du dich auf den Weg zu deinem Board. Neben dir ist ein kleines Mädchen, das startbereit den am Board befestigten Stift in die Hand nimmt. Bisher ist dir gar nicht aufgefallen, dass hier sogar Kinder dabei sind. Das ist einfach zu schrecklich.

„Auf Ihren Whiteboards sehen Sie bereits ein geschriebenes Wort. Bilden Sie aus den dort vorkommenden Buchstaben neue Wörter.“

Schon macht sich das Mädchen neben dir an die Arbeit. Sie ist schnell. Bei ihrem zehnten Wort klickt es und die Glastür zur Kammer öffnet sich. Eure beiden Zahlen befinden sich auf der Tür, doch kaum schließt sie sich hinter dem Mädchen, schnappt das Schloss wieder zu. Du musst die Aufgabe also ebenfalls lösen.

Spielregeln

- Bilde aus den Buchstaben des Wortes „Waschmaschine“ zehn neue Wörter.
- Nicht alle Buchstaben müssen in einem neuen Wort verwendet werden.
- Die Buchstaben dürfen innerhalb eines Wortes nur so oft benutzt werden, wie sie auch im Originalwort vorkommen.
- Du hast drei Minuten Zeit.

1. ______
2. ______
3. ______
4. ______
5. ______
6. ______
7. ______
8. ______
9. ______
10. ______

Spiel 17

Rotes Licht – Grünes Licht

Du hast lange gebraucht, um die zehn Wörter zu finden, aber schlussendlich klickt die Tür zur Kammer ein zweites Mal und lässt dich hinein. Du schaffst es gerade noch rechtzeitig, bevor tausende Messer von der Decke fallen.

Nach und nach stürzen die Teilnehmer, die es nicht rechtzeitig in eine Kapsel geschafft haben, zu Boden. Das Blut färbt das ehemalige Weiß unter euren Füßen rot. Du siehst zu dem kleinen Mädchen rüber und merkst, dass sie damit beschäftigt ist, die Wände der Kammer zu bemalen. Besser so.

Die Kammer setzt sich in Bewegung, es scheint, als handle es sich dabei um einen Aufzug. Durch die Glaswände kannst du den Raum sehen, in den ihr hinabgelassen werdet. Es ist ein Park. Doch ihr scheint nicht auf die Wiese gebracht zu werden, sondern auf einen See. Mit Ruderbooten.

Auf einem solchen Boot werdet ihr herausgelassen. Sie befinden sich alle in einer Reihe. Jeweils zwei Spieler teilen sich ein Boot. Am gegenüberliegenden Ende des Raums siehst du eine große Lampe, die bisher aber nicht leuchtet.

„Das nächste Spiel nennt sich ‚Rotes Licht – Grünes Licht'. Sie spielen es, indem Sie die andere Seite des Raums in der vorgegebenen Zeit erreichen. Bewegen Sie sich nur, wenn die Lampe grün leuchtet. Bei Rot darf sich nicht bewegt werden."

Du kennst dieses Spiel noch aus deiner Kindheit. Nur dass du dieses Mal statt zu laufen rudern musst. Dem kleinen Mädchen willst du diese anstrengende Aufgabe nicht überlassen. Du fragst sie, ob sie das Spiel kennt. Sie nickt. Gut, dann musst du dich wenigstens nicht darum kümmern, ihr die Regeln nochmal genau zu erklären.

Ein Summen erklingt im Raum, die Zeit läuft, die Lampe wird grün und in den Wänden öffnen sich kleine Klappen. Du siehst Gewehre daraus hervorlugen. Wenn ihr euch bei rotem Licht nur noch das kleinste Bisschen bewegt, war's das.

Spielregeln

- Nimm das Buch in beide Hände und blättere es schnell durch, sodass das Daumenkino unten rechts auf der Seite sichtbar wird.
- Starte bei Seite 1.
- Ziel ist es, das Daumenkino an der Stelle zu stoppen, wo das X zu sehen ist.
- Falls du das Daumenkino an einer anderen Stelle stoppst, darfst du maximal vier Seiten daneben liegen.

Spiel 18

Game-Show

Ihr erreicht die Ziellinie ohne große Probleme. Das kleine Mädchen hat sich wirklich gut angestellt. Sie hat während des Spiels sogar gelacht. Sieht sie das alles tatsächlich nur als Spiel an?

Während eurer Bootsfahrt habt ihr euch etwas unterhalten. Du weißt jetzt, dass sie zwölf Jahre alt ist, Maya heißt und ebenfalls keine Ahnung hat, wie sie hier gelandet ist. Im nächsten Raum befindet sich eine Tribüne mit Zuschauern. Auf der Bühne davor stehen hunderte Pulte, jeweils mit einem roten Buzzer. Ein Moderator in bunter Hose und Pailletten-Jackett kommt euch entgegen und brüllt in sein Mikro:

„Schön, dass Sie alle hier sind! Bitte begrüßen Sie unsere heutigen Teilnehmer mit einem tosenden Applaus!"

Ihr werdet jeweils hinter eines der Pulte geschickt. Ein Mitspieler beschwert sich lautstark, dass eine solche Game-Show doch wohl nur ein Scherz sein kann, als unter ihm eine Falltür auf- und gleich wieder zugeht. Hinter dem Pult ist es jetzt leer.

„Ah, ah, ah. Hier redet keiner, außer mir. Die Fragen werden mit den Knöpfen vor Ihnen beantwortet. Uuuuuund schon geht's los!"

Spielregeln

- Beantworte die Quiz-Fragen.
- Vergleiche danach deine Antworten mit den Lösungen auf Seite 70.
- Nur wenn du sechs von acht Fragen richtig beantwortet hast, gilt das Spiel als gewonnen.

Die Lösung findest du auf Seite 70.

1 Was ist ein Haiku?

A Hunderasse

B Gedichtsform

C Blume

2 Was ist eine Fabel?

A Lügengeschichte

B Lesebuch für Kinder

C Geschichte, in der Tiere menschlich handeln und sprechen

3 Wie heißt die Larve des Maikäfers?

- A Engerling
- B Made
- C Raupe

4 Zu wie viel Prozent ist die Erdoberfläche von Wasser bedeckt?

- A 55 %
- B 70 %
- C 83 %

5 Was misst ein Barometer?

- A Luftfeuchtigkeit
- B Luftdruck
- C Temperatur

6 Welches Meeressäugetier ist das schnellste im Wasser?

- **A** Wal
- **B** Delfin
- **C** Seelöwe

7 Wier lautet das Reimschema eines umarmenden Reims?

- **A** a b b a
- **B** a b a b
- **C** a a b b

8 Auf welchem Kontinent liegt die Sahara?

- **A** Amerika
- **B** Asien
- **C** Afrika

Lösung

1. Antwort B: Ein Haiku ist eine japanische Gedichtsform.

2. Antwort C: In einer Fabel nehmen Tiere menschliche Charakteristiken an.

3. Antwort A: Die Larven des Maikäfers heißen Engerlinge.

4. Antwort B: 70 % der Erdoberfläche ist mit Wasser bedeckt.

5. Antwort B: Ein Barometer misst den Luftdruck.

6. Antwort B: Der Delfin ist der schnellste Meeressäuger.

7. Antwort A: Das Schema eines umarmenden Reims lautet „a b b a“.

8. Antwort C: Die Sahara befindet sich auf dem afrikanischen Kontinent.

Spiel 19

Wandernde Wände

Ein Glück. Die Fragen waren eigentlich nur auf Grundschulniveau. Das ist gut. Nicht nur, weil du es dadurch geschafft hast, alle Fragen richtig zu beantworten, sondern weil auch das kleine Mädchen neben dir immer noch hinter ihrem Pult steht und nicht durch die Falltür gefallen ist.

Der Vorhang der Bühne schließt sich. Zwischen den Pulten fahren Wände hoch und trennen euch voneinander. Hinter euch hebt sich die Wand und gibt die Sicht auf einen Gang frei.

„Nutzen Sie das Display vor Ihnen um die andere Seite des Raums zu erreichen."

Das Display? Es ist nur weiß. Ein Stift liegt daneben. Hinter dir hörst du, wie sich in der Wand eine Klappe öffnet. Dein Rücken wird warm. Du drehst dich um und siehst einen Flammenwerfer, der langsam näherkommt.

Du drehst dich wieder panisch zum Display. Du musst irgendwas tun! Die Flammen kommen immer näher!

Du nimmst den Stift und zeichnest. Es ist nur eine Linie, doch durch sie dreht sich die Wand vor und du kannst weitergehen. Doch da ist noch eine Wand. Zurück zum Display. Eine weitere Linie. Eine Wand weniger. Weiter so!

Spielvorbereitung

- Schneide die Seite aus dem Buch heraus.

Spielregeln

- Falte die Linien auf der Seite sauber im Zickzack.
- Du musst es innerhalb von 2:30 Minuten schaffen.

Spiel 20

Die Brücke

Du erreichst die nächste Tür in der letzten Sekunde. Hinter dir schließt sie sich und du stützt dich völlig außer Atem auf deine Knie. Tief durchatmen. Irgendwann müssen diese Spiele doch ein Ende finden.

Langsam wird dein Atem wieder ruhiger. Du spürst eine Hand auf deiner Schulter:

„Alles in Ordnung?"

Das kleine Mädchen steht neben dir und sieht dich besorgt an. Wieso ist sie besorgt um dich? Sollte sie sich nicht lieber Sorgen um sich selbst machen?

Du siehst dich im Raum um. Ihr befindet euch auf einer Brücke. An den Wänden links und rechts sind Seile befestigt. Personen in Schwarz betreten den Raum und fordern euch auf, euch zwischen die Seile zu stellen. Ihr sollt die Seile in die Hände nehmen, da fällt dir ein Schlitz in der Brücke auf.

Sie wird wegklappen. Die Seile, an denen ihr euch festhalten sollt, sind die einzige Möglichkeit für euch, nicht herunterzufallen. Unter euren Füßen würde sich nur ein Abgrund befinden!

Das Mädchen. Maya würde es niemals schaffen, sich lange

genug festzuhalten. Du versuchst dein Glück und sprichst einen Arbeiter in Schwarz an, bevor er die Brücke verlässt:

„Verzeihung. Ist es erlaubt, zu zweit zu arbeiten? Kann ich das Mädchen mit mir zusammen festhalten?“

Dein Gegenüber hält sich eine Hand ans Ohr. Wartet auf eine Antwort seines Vorgesetzten und nickt kurz.

Du musst dich beeilen. Du gehst zu Maya und machst ihr klar, dass sie sich an dir festhalten muss. Du nimmst sie Huckepack. So sollte es klappen. Anschließend nimmst du die Seile in die Hand. Eines links, das andere rechts. Und dann gibt die Brücke auch schon unter deinen Füßen nach.

Spielregeln

- Halte deine Arme rechts und links ausgestreckt.
- Halte sie für vier Minuten, ohne sie herunterzunehmen.

Spiel 21

Zahlenreihen

Du hast das Gefühl, dass deine Arme jeden Moment abreißen. Es wird immer schwerer, sich festzuhalten. Die Seile haben deine Hände bereits mehrfach aufgeschnitten. Nur noch ein bisschen.

Die Brücke hebt sich wieder. Kaum rastet sie ein, schon fällst du auf deine Knie. Das war knapp.

Das Mädchen steigt von deinem Rücken und nimmt deine Hände. Sie gibt dir einen kleinen Kuss darauf und sagt, dass sie jetzt nicht mehr weh tun würde. Sie ist wirklich viel zu jung für einen Ort wie diesen. Ihr lauft gemeinsam über die Brücke zur nächsten Tür. Sie hält deine Hand und du ihre.

Der nächste Raum sieht aus, wie ein Schrottplatz. Überall stehen Autoteile herum. Eine Schrottpresse ist auch da. Genau über euch.

„Glückwunsch. Sie haben es in die nächste Runde geschafft! Nach den körperlichen Strapazen der letzten Runde, möchten wir, dass auch Ihr Gehirn sich etwas anstrengen muss. Vervollständigen Sie die Reihen."

Überall im Raum sind Zahlen verteilt.

Spielregeln

- Erkenne das Muster der Zahlenreihen.
- Erweitere die Zahlenreihen logisch um eine weitere Zahl.
- Das Zeitlimit beträgt vier Minuten.
- Nachdem du alle Reihen vervollständigt hast, vergleiche sie mit der Lösung.
- Nur wenn du mindestens fünf von sieben Reihen richtig gelöst hast, gilt das Spiel als bestanden.

Die Lösung findest du auf Seite 80.

1	2	10	8	40	38	
2	4	16	8	32	16	
3	100	95	285	280	840	
4	86	92	70	76	54	
5	1	4	9	16	25	
6	2	3	5	8	12	
7	8	5	13	10	18	

Lösung

1	2	10	8	40	38	**190**
	x5	-2	x5	-2	x5	
2	4	16	8	32	16	**64**
	x4	:2	x4	:2	x4	
3	100	95	285	280	840	**835**
	-5	x3	-5	x3	-5	
4	86	92	70	76	54	**60**
	+6	-22	+6	-22	+6	
5	1	4	9	16	25	**36**
	2x2	3x3	4x4	5x5	6x6	
6	2	3	5	8	12	**17**
	+1	+2	+3	+4	+5	
7	8	5	13	10	18	**15**
	-3	+8	-3	+8	-3	

Spiel 22

Kegeln

Du schreibst die Zahlen auf, die du für richtig hältst und ein Piepen ertönt. Die Schrottpresse scheint sich abzuschalten. Sie ist aus.

Noch ein Rätsel gelöst. Du siehst dich nach Maya um. Sie spielt mit einem kaputten Lenkrad. Ihre Zahlenreihen sind ebenfalls gelöst. Das Mädchen ist wirklich klug.

Du lächelst sie an und reichst ihr deine Hand. Sie grinst zurück und steht mit deiner Hilfe auf.

Es ist schön, den Weg zum nächsten Raum nicht völlig allein gehen zu müssen. Klar, ganz allein warst du hier drin nie, es gibt ja noch die anderen Teilnehmer, aber wirklichen Kontakt hattest du bisher mit keinem von ihnen.

Ihr findet euch auf einer Kegelbahn wieder. Jeder Nummer ist eine Bahn zugeteilt, vor der sieben Kugeln liegen.

Mayas Bahn befindet sich neben deiner. Zu deiner linken ist ein Mann. Er setzt zum ersten Wurf an.

Ein Kegel wird getroffen und fällt um. Fünf weitere hat er vor sich. Sechs Kugeln müssen ihm dafür reichen.

Du selbst fängst ebenfalls an.

Spielvorbereitung

- Schneide die Kegel aus, falte sie an der gestrichelten Linie.
- Stelle sie vor dich auf den Boden, so dass sie folgende Form ergeben:

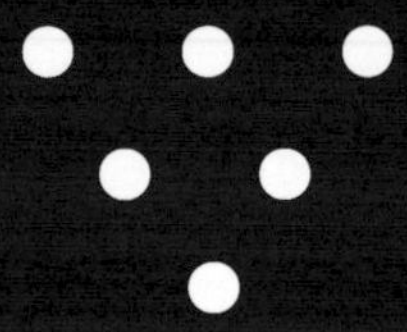

- Knülle ein Blatt Papier zu einem Ball zusammen.
- Stelle dich in zwei Meter Entfernung (zwei große Schritte) hin.

Spielregeln

- Versuche alle Kegel mit dem Ball umzurollen.
- Der Ball muss dabei vor dir über den Boden gerollt werden.
- Du hast sieben Versuche.
- Umgefallene Kegel kannst du nach jedem Versuch entfernen.

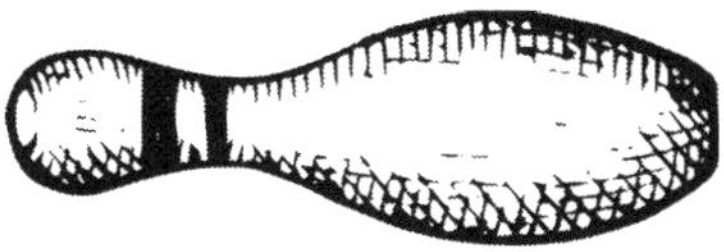

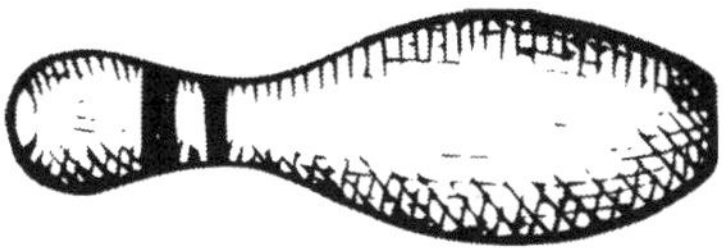

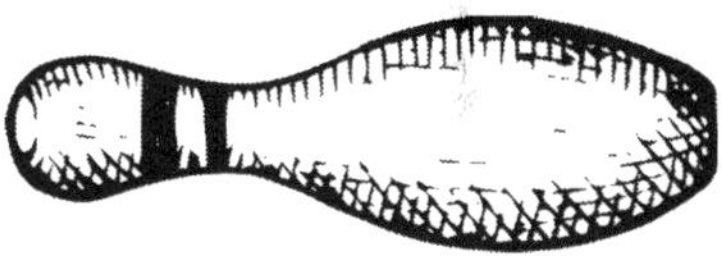

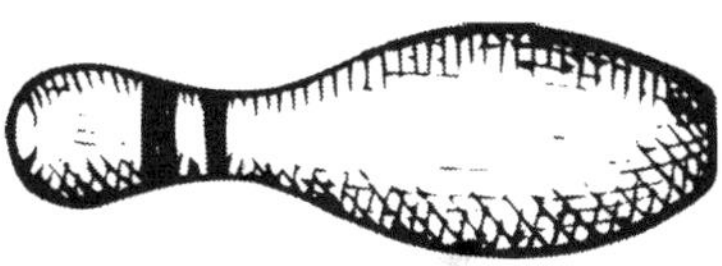

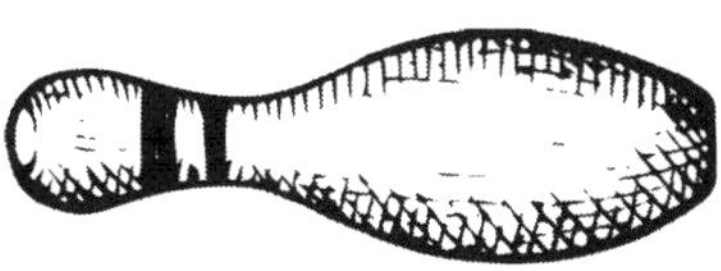

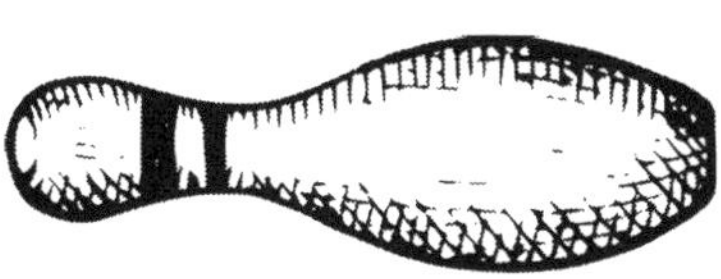

Falten

Spiel 23

Stadt, Land, Fluss

Deine Kegel fallen um, du begibst dich zur nächsten Tür. Ein lauter Knall lässt dich hochschrecken und du drehst dich um, um zu sehen, was passiert ist. Die Bahn neben deiner steht in Flammen.

Dein linker Nachbar hat all seine Versuche aufgebraucht. Die Kegel, die er nicht umgeworfen hat, sind explodiert. Und er gleich mit ihnen.

Du schaust zu Maya und stellst fest, dass sie unbeirrt weiterspielt. Sie hat noch eine Kugel und zwei Kegel. Komm schon!

Sie schafft es und hüpft fröhlich in die Luft. Dann findet sie deinen Blick und fängt an, lachend auf dich zuzurennen. Dir fällt auf, dass du aufatmest. So langsam wächst dir die Kleine wohl ans Herz.

Ihr geht durch die nächste Tür und seht einen großen Zug. Er befindet sich nicht im Raum selbst, aber ihr könnt ihn durch ein großes Fenster hindurch sehen. Scheinbar fährt er ständig im Kreis. Etwa alle fünf Minuten kommt er wieder vorbei.

Im Raum selbst sind Tische verteilt. Je zwei Stühle stehen daran, auf ihnen eure Nummern. Von dem kleinen Mädchen musst du dich vorerst trennen, ihre Nummer ist an einem anderen Tisch als deine.

Widerwillig lässt du ihre Hand los und setzt dich. Eine junge Frau setzt sich dir gegenüber. Vor euch befinden sich Papiere, auf denen ein Spiel aufgemalt ist. Stadt, Land, Fluss.

„Bitte nehmen Sie Ihre Plätze ein. Das nächste Spiel beginnt in zehn Sekunden. Die Gewinner dieser Runde dürfen von ihrem Stuhl aufstehen und sich an die rechte Seite des Raums stellen. Die Verlierer bleiben sitzen. Spielen Sie die vorgegebenen Runden."

Spielregeln

- Fülle die leeren Felder auf dem Spielbogen aus.
- Der Anfangsbuchstabe jedes Wortes ist vorgegeben.
- Zu jeder Kategorie muss ein passendes Wort mit dem entsprechenden Buchstaben gefunden werden.
- Du hast ein Zeitlimit von sechs Minuten.
- Nur wenn du 14 von 16 Feldern ausgefüllt hast, gilt das Spiel als bestanden.

	Todesursache	Name von (fiktiven) Bösewichten/ Verbrechern	Krankheit	Mordwaffe
J				
B				
M				
G				

Spiel 24

Zaubershow

Du legst deinen Stift nieder und verkündest, dass du als erstes fertig geworden bist. Somit bist du der Gewinner und stellst dich nach Vorgabe an den rechten Seitenrand des Raums. Dort wirst du von den anderen Gewinnern und den Personen in Schwarz empfangen, die dich hinter eine Absperrung begleiten.

Du schaust dich unter den Gewinnern um und siehst die kleine Maya, wie sie aufgeregt durch das Fenster den Zug beobachtet.

„Er kommt immer näher, oder?"

Jetzt schaust auch du zu dem Zug und stellst fest, dass er nicht nur immer näher zu kommen scheint, sondern auch an Fahrt aufnimmt. Die Entfernung zwischen Zug und Glas wird immer kleiner. Und kleiner. Und kleiner.

„VORSICHT!"

Du schlägst die Hände über dem Kopf zusammen als der Zug ohne zu bremsen in den Raum rast. Die Verlierer, die auf ihrem Platz sitzengeblieben sind, wurden einfach überrollt.

Blut, abgetrennte Körperteile und das pure Chaos bleiben zurück, als der Zug unbeirrt weiterfährt. Du gerätst in eine Art Trance und läufst wie auf Autopilot. Die Bilder von diesem Moment werden dich nie wieder loslassen.

Erst im nächsten Raum kommst du langsam wieder zu dir und merkst, dass das kleine Mädchen die ganze Zeit über an deiner Seite war und deine Hand nicht losgelassen hat. Du stehst neben ihr als sich der Vorhang vor euch öffnet und den Blick auf eine Bühne freigibt.

„Diesmal werden die Teilnehmer einzeln am Spiel teilnehmen. Bitte stellen Sie sich in der Reihenfolge Ihrer Nummern auf und treten Sie nacheinander auf die Bühne. Führen Sie das Kunststück erfolgreich durch, dürfen Sie sich auf die Tribüne begeben und den anderen Spielern zusehen."

Ohne zu wissen, was genau die Aufgabe ist, läuft der erste Spieler vorwärts. Auf dem aufgebauten Tisch steht ein Glas. Darauf liegt ein Buch, auf dem wiederum eine Münze liegt.

Der Teilnehmer versucht das Buch vom Glas zu ziehen, die Münze fällt zu Boden. Von links und rechts springen Tiger heran. Sie zerfleischen den Mann innerhalb weniger Sekunden und ziehen sich dann zurück. Hoffentlich bist du bei diesem Trick besser als dein Vorgänger. Bald bist du an der Reihe.

Spielvorbereitung

- Lege das Buch auf das Glas. Lege nun die Münze oben auf das Buch.

Spielregeln

- Ziehe das Buch schnell von dem Glas, damit die Münze darin landet. Langsames Ziehen oder Neigen des Buches ist nicht erlaubt.

- Du hast zwei Versuche.

Spiel 25
Tauchen

Du gewinnst, begibst dich auf die Tribüne und musst zusehen, wie einige deiner Mitspieler von den Tigern angegriffen werden.

Je mehr du von dem Blut siehst, von den Schreien hörst, desto mehr wird dir klar, dass das hier kein Spiel ist. Oder doch – aber ein Spiel auf Leben und Tod.

Zum wiederholten Mal atmest du auf und schaust neben dich. Maya hat das Spiel ebenfalls gemeistert. Sie starrt auf die Bühne. In ihren Augen spiegelt sich der blanke Horror.

Mit dem letzten verbleibenden Teilnehmer endet das Spiel.

Die Tribüne fährt hinab und ihr findet euch in einer Höhle wieder. Wasser tropft von den Wänden und der Decke. Vor euch befindet sich ein unterirdischer See – und Taucherflaschen.

„Bilden Sie Wörter, bevor der Druck zu stark ansteigt."

Das war's? Keine weiteren Informationen? Keine Glückwünsche zum bestandenen vorigen Spiel? Wieso enttäuscht dich das so? Hast du dich etwa schon zu sehr an die Spiele und die damit einhergehenden Ansagen gewöhnt?

Du verbietest dir, weiter darüber nachzudenken, schnappst dir zwei Taucherflaschen und hilfst Maya dabei, ihren Sauerstofftank anzulegen. Du erklärst ihr, wie sie damit unter Wasser atmen kann und bedankst dich beim Universum dafür, dass du vor einigen Jahren einmal einen Tauchkurs belegt hast.

Nach dem Mädchen legst auch du dir die Flasche um und springst ins Wasser. Tatsächlich. Auf dem Boden des Sees kannst du Buchstaben erkennen. Allerdings sind sie offensichtlich in der falschen Reihenfolge.

Spielregeln

- Ordne die Buchstaben neu, sodass sie Wörter bilden.
- Alle Buchstaben müssen im neuen Wort enthalten sein.
- Das Zeitlimit beträgt sieben Minuten.
- Um das Spiel zu bestehen, musst du fünf von sieben Wörtern gelöst haben.

Die Lösung findest du auf Seite 94.

1 KRAKUTPUN

2 KASPTOEHART

3 CHIRAMAS

4 KCHANNIEN

5 TAPFENLGRAA

6 SLAIMMERZFCH

7 AFENBOCK

Lösung

1. KURKAPTUN: Akupunktur
2. OPAKSTEHART: Katastrophe
3. RAIMACHS: Charisma
4. CHANKNIEN: Kaninchen
5. TAPFERNGALA: Granatapfel
6. FLIMMERSZACH: Schlafzimmer
7. FOCKNABE: Backofen

Spiel 26

Zählen

Deine Wörter sind gelöst, doch du bemerkst, dass Maya langsam die Luft auszugehen scheint. Du schwimmst zu ihr, holst selbst noch einmal tief Luft und hältst ihr deinen Luftschlauch vors Gesicht. Du gibst ihr zu verstehen, dass sie deinen Sauerstoff nutzen soll.

Mit der zusätzlichen Luft schafft auch sie ihr Buchstaben-Rätsel. Langsam wird deine Luft knapp. Bis an die Oberfläche müsst ihr euch deine Flasche teilen.

Nur knapp schafft ihr es wieder zurück ans Ufer, bevor ihr die Druckwellen spürt und sich das Wasser blutrot färbt.

Das war also mit „bis der Druck zu stark ansteigt“ gemeint. Nicht der psychische Druck die Aufgabe zu lösen, sondern der Wasserdruck wurde erhöht. Jetzt wird dir auch klar, was das für die Spieler bedeutete, die es nicht rechtzeitig zurückgeschafft haben. Durch den Druck implodierten ihre Körper.

Das behältst du allerdings lieber für dich als das Mädchen dich fragt, was da unten vor sich gehe. Besser, sie weiß es nicht.

Auf einmal wird dir schwindelig. Ist es der fehlende Sauerstoff? Es wird schwarz vor deinen Augen. Du fällst.

Du öffnest die Augen in einem neuen Raum. Alles, was du siehst, sind hunderte Symbole. Scheinbar liegst du auf dem Rücken und siehst zur Decke. Zwischen den Symbolen kannst du außerdem kleine Sprinkler-Anlagen erkennen. Aus irgendeinem Grund weißt du, dass es aus diesen Vorrichtungen kein Wasser zum Feuerlöschen regnen wird.

„Glückwunsch zum bestandenen Spiel. Spiel 26 beginnt in Kürze. Zählen Sie die Häufigkeit des gesuchten Symbols."

Du bist noch immer nicht ganz bei dir, deine Sicht verschwimmt ständig. Trotzdem versuchst du, die Aufgabe zu bewältigen und fängst an, zu zählen.

Spielregeln

- Zähle, wie häufig das Symbol  auf der Seite auftaucht.
- Für diese Aufgabe hast du zwei Minuten Zeit.
- Schreibe deine Antwort in das Feld.
- Vergleiche deine Antwort nach Ablauf der Zeit mit der Lösung. Nur wenn die Zahlen übereinstimmen, gilt das Spiel als gewonnen.

Die Lösung findest du auf Seite 98.

Anzahl des
gesuchten Symbols: ________

Das gesuchte Symbol versteckt sich fünf Mal auf der Seite.

Spiel 27

Gestreckt

Nur leise murmelst du die Antwort. Die Fesseln, die dich am Boden gehalten haben, springen auf. Du hattest sie gar nicht bemerkt.

Taumelnd kommst du auf deine Füße. Maya steht bereits neben dir und schaut dich besorgt an. Du versicherst ihr, dass es dir gut geht, auch wenn du das selbst nicht so ganz glaubst. Ihr verlasst den Raum durch die rote Tür. Bevor die Tür jedoch hinter euch ins Schloss fällt, gehen die Sprinkler an. Schmerzverzerrte Schreie erfüllen den Raum. Die Haut scheint von den Gesichtern der Teilnehmer zu schmelzen. Ein Säureregen.

Die Tür schließt sich endgültig hinter euch. Vor euch seht ihr einen Raum, der einem mittelalterlichen Kerker gleicht. Nein, kein Kerker. Viel mehr eine Folterkammer. Inklusive der Folterinstrumente.

Die in Schwarz gekleideten Personen packen euch und führen euch jeweils zu einem der barbarischen Vorrichtungen. Für dich wird die Streckbank gewählt. Das Mädchen wird von dir weggezerrt, ihr Schicksal kannst du von deiner Position aus nicht einsehen.

Was du allerdings siehst, ist ein Bild. Oder ist es ein Wort? Was genau steht da?

„Die Aufgabe beginnt."

Ein Summen erfüllt den Raum und die Apparatur unter dir fängt an, dich zu strecken. Lange hältst du das nicht durch. Du musst dich beeilen!

Spielvorbereitung

- Lege das Buch aufgeklappt auf dieser Seite vor dich auf den Tisch.

Spielregeln

- Finde einen Weg, das geschriebene Wort zu entziffern.
- Schreibe das Lösungswort auf.
- Die Hände dürfen nicht genutzt werden.
- Du hast drei Minuten Zeit.
- Vergleiche dein Wort nach Ablauf der Zeit mit der Lösung auf der nächsten Seite. Nur wenn sie identisch sind, hast du das Spiel gewonnen.

Die Lösung findest du auf Seite 102.

Deine Antwort: ______________________

Lösung

Um das Wort zu entziffern, musst du seitlich sehr flach auf das Buch schauen. Das langestreckte Wort wird so sichtbar:

ELFMETERSCHIESSEN

Spiel 28

Geschichtswissen

Das Gefühl, dass deine Arme und Beine sich vom Rest deines Körpers lösen, dass sie langsam aus ihren Gelenken gerissen werden, wird immer stärker. Dir fehlt die Kraft, dich länger gegen das Strecken und Ziehen zu wehren. Kurz kommt dir in den Sinn, einfach aufzugeben. Deine Gedanken wandern zurück zu dem kleinen Mädchen. Kannst du sie hier drin wirklich allein lassen? Natürlich nicht. Du drehst deinen Körper so weit es geht in jeden Winkel und versuchst, den Fesseln mit Gewalt zu entkommen.

Die zündende Idee kommt dir in letzter Sekunde. Das ist es. Ein anderer Winkel.

Kaum konntest du das Wort entziffern, bist du auch schon von deiner Folter befreit. Jetzt gilt es Maya zu finden. Der gesamte Raum ist erfüllt von Flehen und Betteln. Die Bitte befreit zu werden, diesen Ort lebend verlassen zu können, scheint allgegenwärtig.

Du findest das Mädchen kauernd in einer Ecke. Sie hat die Aufgabe gelöst, hat aber Verletzungen an ihren Hand- und Fußknöcheln. Die Tränen auf ihren Wangen sind noch nicht ganz getrocknet, doch als sie dein Gesicht sieht, fängt sie an zu strahlen. Sie fällt dir um den Hals und du trägst sie in den nächsten Raum.

Ein Museum. Das ist es, woran dich dieser Raum erinnert. Überall sind Glasvitrinen mit scheinbar antiken Gegenständen ausgestellt. Die Erklärung, um was es sich bei den Ausstellungsstücken handelt, ist jeweils darunter zu lesen. Die Jahreszahl fehlt allerdings. Es ist nur ein leeres, weißes Kästchen zu sehen, das noch beschrieben werden muss.

„Willkommen zum nächsten Spiel. Testen Sie Ihr Wissen über Geschichte und vergangene Ereignisse. Wir wünschen Ihnen viel Erfolg dabei."

Kaum ist die Ansage zu Ende, öffnen sich kleine Klappen in den Wänden und der Decke. Du siehst Pfeile. Armbrüste. Die Zeitanzeige über der nächsten roten Tür läuft und der erste Spieler gerät in Panik. Er rennt im Raum umher, sucht nach einer Vitrine, der er eine Jahreszahl zuordnen kann. Als er eine solche findet und seine Antwort aufschreibt, trifft ihn ein Pfeil durchs Auge. Scheinbar war seine Antwort nicht korrekt.

Spielregeln

- Verbinde die geschichtlichen Ereignisse mit den passenden Jahreszahlen.
- Es gibt kein Zeitlimit.
- Nur wenn du mindestens vier von sieben Ereignissen richtig zugeordnet hast, gilt das Spiel als bestanden.

Die Lösung findest du auf der nächsten Seite.

1492

1454

1914

1450

1865

1919

1776

Beginn Weimarer Republik

Ende des Hundertjährigen Kriegs zwischen Frankreich und England

Unabhängigkeitserklärung der USA

Ende amerikanischer Bürgerkrieg

Beginn des ersten Weltkriegs

Entdeckung Amerikas durch Kolumbus

Erfindung des Buchdrucks

Lösung

Beginn Weimarer Republik
1919

Ende des Hundertjährigen Kriegs zwischen Frankreich und England
1454

Unabhängigkeitserklärung der USA
1776

Ende amerikanischer Bürgerkrieg
1865

Beginn des ersten Weltkriegs
1914

Entdeckung Amerikas durch Kolumbus
1492

Erfindung des Buchdrucks
1450

Spiel 29

Rollende Kugeln

Nachdem du deine letzte Antwort auf das dafür vorgesehene Schild geschrieben hast, blickst du dich zögernd um. Kein Pfeil kommt auf dich zu. Du lebst. Du hast das Spiel gemeistert.

Maya wartet bereits an der Tür und grinst dich an. Die Kleine scheint wirklich gut zu sein. Bisher hat sie alle Spiele erfolgreich beendet. Du hoffst, dass auch die nächsten Spiele für sie machbar sein werden und nimmst dir vor, sie zu unterstützen, falls sie erneut deine Hilfe benötigen würde.

Ihr betretet den nächsten Raum. Steinwände. Wasser. Es ist der gleiche Raum wie damals bei der Tauchaufgabe. Das Wasser ist nach wie vor blutrot. Seid ihr etwa im Kreis gelaufen? Wie groß ist dieser Ort und wie viele Räume gibt es hier eigentlich? Hat es überhaupt irgendwann ein Ende? Wieso seid ihr alle hier?

Doch etwas an dem Raum ist anders. Wo vorher die Taucherflaschen standen, siehst du jetzt Bretter stehen. Sie erinnern dich an ein Spiel, das du früher immer gespielt hat.

Es ging darum, eine Murmel über ein Spielfeld mit mehreren Hindernissen rollen zu lassen und sie durch Kippen und Neigen des Feldes bis ans Ende zu bringen, ohne dass sie hinunterfällt.

Du gehst zu den bereitstehenden Brettern und stellst fest: sie sind das Spielfeld. Es ist das gleiche Spiel.

„Wir freuen uns, Sie auch zu diesem Spiel begrüßen zu dürfen. Bewegen Sie das Brett und befördern Sie die Münze bis über die Ziellinie."

Über dir hörst du ein lautes Poltern, als würde die Decke hinabstürzen oder etwas sehr Schweres über den Boden über euch rollen. Besser, du beeilst dich. Es wird immer lauter und scheint näher zu kommen.

Spielvorbereitung

- Lege die Münze flach auf das Startfeld des im Buch abgebildeten Spielfeldes.

Spielregeln

- Versuche, die Münze durch Neigen und Kippen des Buches durch den Hindernisparcours zu führen.
- Die Münze darf nicht mit den Fingern berührt werden.
- Berührt sie die Wand, so muss von Vorne begonnen werden.
- Du hast fünf Minuten Zeit.

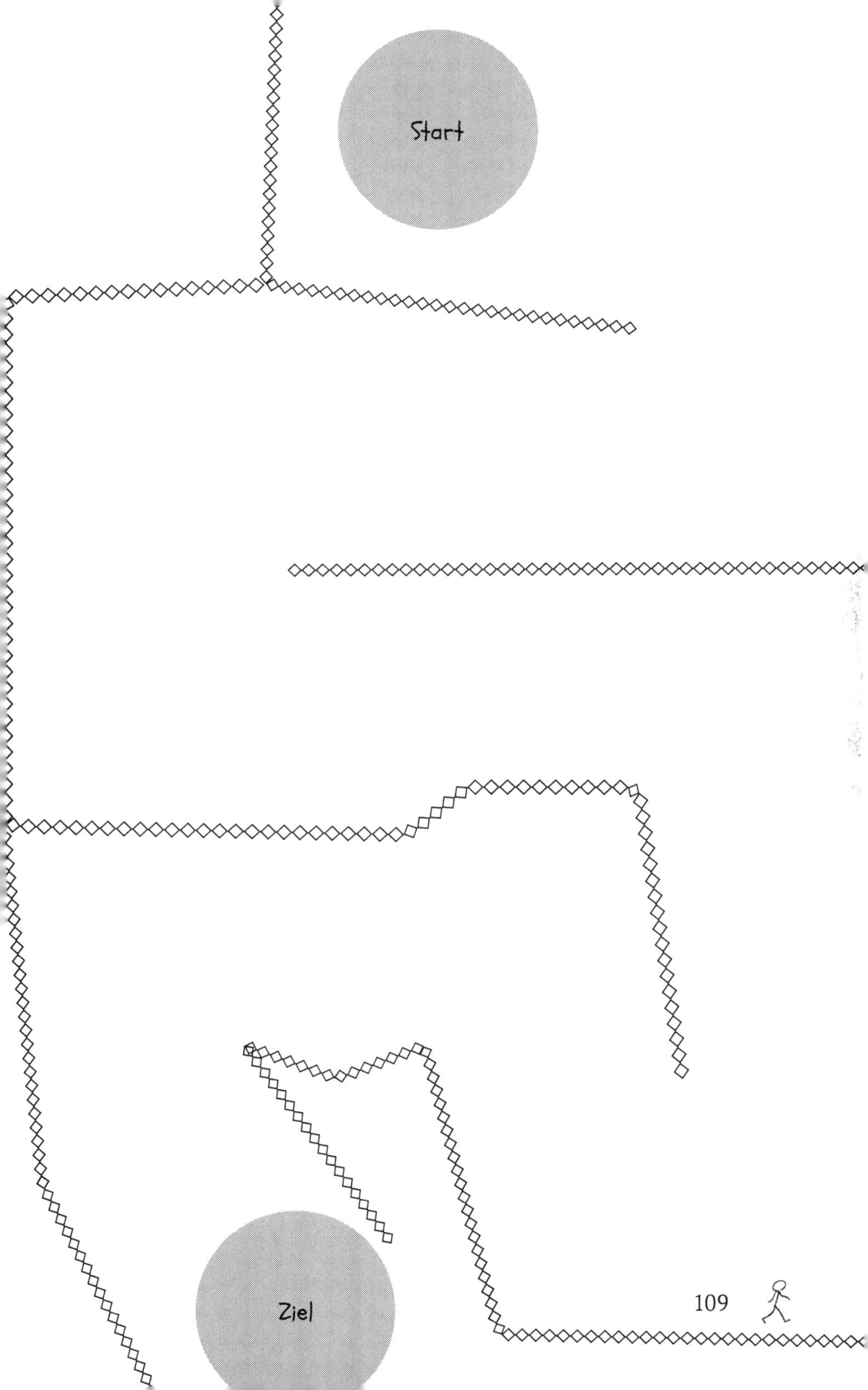
Start
Ziel

Spiel 30

Suchbild

So langsam wird die Zeit knapp. Du hörst das Poltern nun immer näherkommen. Es ist fast zu laut, um sich auf die Aufgabe vor dir zu konzentrieren.

Du merkst, wie dir der Schweiß von der Stirn tropft. Deine Hände fangen an zu zittern. So erreichst du nie das Ziel!

Warme Hände legen sich auf deine. Du blickst hoch und schaust in das Gesicht des kleinen Mädchens. Sie fängt an das Brett leicht zu neigen und die Münze folgt ihrem Weg. Technisch gesehen, bist immer noch du derjenige, der das Brett festhält. Mayas Hände liegen eben nur über deinen. Noch ein kleines bisschen. Geschafft! Die Münze rutscht über die Ziel-Markierung und du lässt das Brett fallen und rennst zur nächsten Tür.

Gerade noch rechtzeitig. Das laute Geräusch ist jetzt kaum noch zu ertragen. Ihr rettet euch in den nächsten Raum, kurz bevor ein riesiger Felsbrocken durch die Höhle rollt und alle übrigen Teilnehmer unter sich begräbt.

Der nächste Raum ist ruhig. Bilder hängen an den Wänden. Ein weiches Sofa steht im Raum. Der Teppichboden lässt den Raum fast schon wohnlich wirken. Jedes Bild an der Wand trägt eine Nummer. Du weißt mittlerweile, was das heißt, und gehst langsam zu dem Bild mit deiner Nummer.

Wie immer bei solchen Aufgaben befindet sich Mayas Aufgabe neben deiner. Unter deinem Bild steht ein einziges Wort: Perle.

„Sie alle sind bereits weit gekommen. Herzlichen Glückwunsch! Die Bilder vor Ihnen zeigen Ihnen das nächste Spiel. Es beginnt in 3... 2... 1..."

Ein kurzes Piepen und jeder, der es bisher nicht getan hat, rennt zu seinem Bild, als die Zeit anfängt zu laufen.

Perle. Was soll das bedeuten? Dann erkennst du es. In deinem Bild haben sich mehrere Perlen versteckt. Du musst sie schnell finden!

Spielregeln

- Finde die sechs Perlen im Bild.
- Markiere sie.
- Du hast 1:30 Minuten Zeit.
- Nur wenn du alle sechs Perlen gefunden hast, gewinnst du das Spiel.

Es dauert nicht sehr lange, dann hast du alle Gegenstände im Bild gefunden. Du bist zufrieden mit dir selbst und drehst dich zu dem kleinen Mädchen um. Sicher ist sie auch schon mit ihrer Aufgabe fertig, meist schafft sie das ja sogar schneller als du.

Panik erfüllt dich. Maya scheint ihre Aufgabe nicht lösen zu können. Äpfel. Sie muss Äpfel in ihrem Bild finden. Auch du fängst jetzt an, sie auf der Leinwand zu suchen doch sie scheinen noch besser versteckt zu sein, als es bei dir der Fall war! Die Zeit ist sicher bald um. Du musst ihr helfen. Da! Du hast einen weiteren Apfel gefunden! Gerade willst du die Hand heben und ihr zeigen, wo er sich befindet, da setzt ein anderer Spieler zum Sprechen an.

„Er ist genau da. Siehst du?"

Die erhobene Hand des Mannes sinkt schnell wieder. Eine Spinne sitzt auf ihr. Nur eine kleine schwarze Spinne, nicht weiter schlimm, doch der Mann fängt plötzlich an unkontrolliert zu zucken. Er scheint starke Schmerzen zu haben und fällt wenig später tot zu Boden. Eine Giftspinne.

Etwa weil er versucht hat, zu helfen? Dein halb erhobener Arm sinkt. Wenn du ihr hilfst, stirbst du. Die letzten Sekunden brechen an und das Mädchen dreht sich zu dir um. Sie versucht zu lächeln, doch die Tränen in ihren Augen sind stärker. Sie hat sie schon gesehen. Du bemerkst die Spinne auf ihrer Schulter erst jetzt.

Die Uhr springt auf null. Erst das Zucken. Dann die Schmerzen. Dann der Fall.

Das ist nicht wirklich passiert. Sie kann nicht tot sein. Das ist nicht wahr! Ein Mann legt seine Hand auf deine Schulter.

„Wenn wir nicht gehen, sterben wir auch. Du kannst nichts mehr für sie tun."

Er schiebt dich zur Tür in den nächsten Raum. Du kannst nicht klar denken, hörst alles nur gedämpft.

Teil 3

Das Bündnis

Spiel
31

Buchstabengitter

Du befindest dich hinter Gittern. Eine Gefängniszelle. Passend. Sowohl für diesen verdammten Ort als auch für deine Situation. Du hast ihr nicht geholfen. Sie ist tot. Es ist deine Schuld. Ist alles deine Schuld? Der Mann, der dich eben schon begleitet hat, drückt dir ein Klemmbrett in die Hand. Du hast gar nicht gemerkt, dass es vor dich gehalten wurde.

„Komm schon. Die Zeit läuft."

Ein Buchstabengitter.

Spielregeln

- Finde alle sieben Wörter in dem Buchstabengitter.
- Alle Wörter haben mit dem Thema beliebte Kinderspiele zu tun.
- Die Wörter können sich vertikal, horizontal und diagonal verstecken.
- Du hast sechs Minuten Zeit.

Die Lösung findest du auf der nächsten Seite.

S	C	H	W	E	R	L	O	K	L	B	U	Z	J	E
B	D	H	B	L	E	I	E	R	L	A	U	F	F	E
S	G	H	Z	A	U	T	E	R	R	I	C	H	M	U
C	H	A	M	P	I	E	L	B	D	Z	H	J	S	A
H	W	Q	A	L	Y	B	R	O	B	R	V	F	S	S
N	B	V	E	A	I	N	Ö	N	R	P	W	A	R	M
I	S	E	D	T	E	V	K	U	Ä	I	Z	N	S	W
T	T	R	H	Z	E	K	E	L	B	U	S	G	T	A
Z	S	S	Z	P	E	P	L	R	I	N	G	E	H	W
E	S	T	E	G	T	L	A	U	S	B	E	N	D	E
L	Z	E	H	I	O	E	M	M	E	T	L	E	D	R
J	T	C	I	B	P	E	D	B	R	M	E	A	I	R
A	H	K	B	L	F	R	A	S	E	P	S	C	U	T
G	E	E	R	S	S	T	S	G	D	I	L	O	K	O
D	R	N	Ü	K	C	P	S	A	O	P	N	E	R	L
E	B	A	R	I	H	V	R	O	S	L	L	D	R	E
F	U	R	F	U	L	S	S	I	E	B	A	R	L	L
S	R	E	M	I	A	S	L	A	N	C	H	A	T	F
G	S	I	F	E	G	Z	O	L	W	G	O	T	E	T
U	G	T	T	A	E	R	I	F	E	S	E	O	P	E
U	S	E	C	K	N	W	I	S	R	S	E	N	U	N
E	V	L	B	E	U	R	W	W	F	U	N	H	S	C
T	X	S	C	H	W	I	M	M	E	U	F	E	R	Z
R	U	D	B	E	U	G	E	D	N	G	W	M	Ä	S
S	Ö	F	F	E	R	D	U	N	N	E	T	D	W	Q

Lösung

S	C	H	W	E	R	L	O	K	L	B	U	Z	J	E
B	D	H	B	L	E	I	E	R	L	A	U	F	F	E
S	G	H	Z	A	U	T	E	R	R	I	C	H	M	U
C	H	A	M	P	I	E	L	B	D	Z	H	J	S	A
H	W	Q	A	L	Y	B	R	O	B	R	V	F	S	S
N	B	V	E	A	I	N	Ö	N	R	P	W	A	R	M
I	S	E	D	T	E	V	K	U	Ä	I	Z	N	S	W
T	T	R	H	Z	E	K	E	L	B	U	S	G	T	A
Z	S	S	Z	P	E	P	L	R	I	N	G	E	H	W
E	S	T	E	G	T	L	A	U	S	B	E	N	D	E
L	Z	E	H	I	O	E	M	M	E	T	L	E	D	R
J	T	C	I	B	P	E	D	B	R	M	E	A	I	R
A	H	K	B	L	F	R	A	S	E	P	S	C	U	T
G	E	E	R	S	S	T	S	G	D	I	L	O	K	O
D	R	N	Ü	K	C	P	S	A	O	P	N	E	R	L
E	B	A	R	I	H	V	R	O	S	L	L	D	R	E
F	U	R	F	U	L	S	S	I	E	B	A	R	L	L
S	R	E	M	I	A	S	L	A	N	C	H	A	T	F
G	S	I	F	E	G	Z	O	L	W	G	O	T	E	T
U	G	T	T	A	E	R	I	F	E	S	E	O	P	E
U	S	E	C	K	N	W	I	S	R	S	E	N	U	N
E	V	L	B	E	U	R	W	W	F	U	N	H	S	C
T	X	S	C	H	W	I	M	M	E	U	F	E	R	Z
R	U	D	B	E	U	G	E	D	N	G	W	M	Ä	S
S	Ö	F	F	E	R	D	U	N	N	E	T	D	W	Q

Spiel 32

Verdächtigt

Du kreist das letzte Wort ein. Es grenzt an ein Wunder, dass du diese Aufgabe geschafft hast. Deine Gedanken sind immer noch bei dem Mädchen. Ihrem schmerzverzerrten Gesicht. Ihrem Blick, der selbst in den letzten Sekunden ihres Lebens noch den deinen suchte. Du hast sie sterben lassen. Sicher, ohne deine Hilfe wäre sie schon bei der Tauchaufgabe gestorben, als ihr die Luft ausging. Du wärst ohne sie allerdings auch nicht so weit gekommen. Seid ihr jetzt quitt? Kämpft hier eben doch jeder für sich selbst? Soll das Gerechtigkeit sein?

Eigentlich musst du dich gerade jetzt auf dich selbst konzentrieren. So hart es auch klingen mag, aber du wirst nicht überleben, wenn du der Vergangenheit nachtrauerst. Ohne es zu merken, bist du schon in den nächsten Raum gelaufen. Reiß dich zusammen! Die Spiele gehen weiter. Du bist immer noch am Leben. Das soll auch so bleiben.

Die Durchsage schallt durch den Raum:

„Spiel 32. Viel Erfolg.“

Das ist alles. Du siehst dich im Raum um.

Er hat nichts Auffälliges an sich. Er ist leer. Nur ein Text ist auf eine der Wände geschrieben:

Mein Name ist Aaron, ich bin männlich und habe keinen Bart. Ich habe einen Kinnspalt und dicke Augenbrauen. Meist trage ich dicke Jacken oder Pullunder und je nachdem, wie windig es ist, meine Kapitänsmütze. Die schützt meinen kahlen Kopf vor der Meeresbrise.

In meiner Kindheit habe ich oft Pirat gespielt und bin deswegen Schiffskapitän geworden. Durch das viele Tragen der Augenklappe beim Spielen hat sich allerdings auch meine Sehstärke auf diesem Auge verschlechtert. Das nehme ich aber für meinen Traumjob in Kauf. Zuhause habe ich eine Frau und zwei Kinder, einen Jungen und ein Mädchen.

Im Gegensatz zu den anderen Räumen ist die Tür am anderen Ende nicht rot, sondern blau. Ist das der Ausgang? Ist dies das letzte Spiel? Der Text enthält keine Aufgabe.

„Da muss mehr dahinterstecken."

Es ist wieder der Mann von vorhin. Wahrscheinlich hat er recht. In diesem Text muss irgendeine wichtige Information stecken. Auch nach erneutem Lesen geht dir kein Licht auf. Du begibst dich in den nächsten Raum. Du siehst mehrere Sitzreihen, wie in einem Flugzeug. Die Sitze sind jeweils mit einer Nummer versehen. Auf jedem Platz sitzt bereits jemand, als du den Raum betrittst.

Statt dem langen Text an der Wand steht hier allerdings eine Frage: „Wer ist es?"

Spielregeln

- Finde die gesuchte Person.
- Lies dir die Beschreibung noch einmal gut durch. Blättere danach auf Seite 122 und kreise die gesuchte Person ein.
- Den Text darfst du nach dem Umblättern nicht erneut lesen.
- Schau dir dann die Lösung auf Seite 124 an. Nur wenn du die gesuchte Person richtig ermittelt hast, gilt das Spiel als bestanden.

Die Lösung findest du auf Seite 124.

1
2
3
4
5
6
7
8
9
10
11
12
13
14
15

16
17
18
19
20
21
22
23
24
25
26
27
28
29
30

Lösung

Die gesuchte Person hat den Sitzplatz mit der Nummer 13.

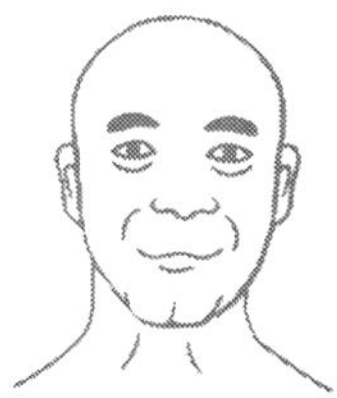

Spiel 33

Schifffahrt

Den Sitzplatz, auf dem die gesuchte Person sitzt, gibst du in das Zahlenfeld ein, das sich neben der – jetzt wieder roten – nächsten Tür befindet. Sie springt auf und du kannst hindurchgehen und die dahinter liegende Treppe heraufsteigen.

Du trittst auf Gras. Vor dir siehst du einen weiten See. In der Ferne kannst du Ruderboote ausmachen und ein Licht gegenüber leuchtet in einem grellen Rot. In diesem Raum habt ihr „Rotes Licht, Grünes Licht“ gespielt. Hier hast du dich zum ersten Mal wirklich mit Maya unterhalten. Jetzt kannst du das nicht mehr.

Direkt am Ufer schwimmen zwei Leinen auf dem Wasser. Auf der einen steht „Start“. Die andere ist als Ziellinie gekennzeichnet. Im Wasser schwimmen außerdem mehrere kleine Boote. Zu klein, um sich selbst hineinzusetzen.

„Wer erreicht das Ziel wohl als erstes?“

Diese kalte Lautsprecherstimme schon wieder. Und natürlich gibt es auch wieder ein Zeitlimit. Die Uhr mit ihren großen roten Ziffern kannst du langsam wirklich nicht mehr sehen. Sieht steht auf 30 Sekunden.

Vor der abgesperrten Strecke liegen mehrere Bücher im Gras. Einige deiner Mitspieler haben sich schon eines davon genommen und beginnen, darin herumzublättern. Ein Spieler nutzt das Buch auf andere Weise: Er fächelt den kleinen Booten – genauer gesagt dem Boot mit einer bestimmten Nummer – Luft zu. Es setzt sich in Bewegung. Schnell machst auch du dich an die Arbeit.

Spielvorbereitung

- Baue dir ein Papierboot. Nimm ein DinA4-Blatt und falte es wie in der Anleitung beschrieben.
- Markiere eine Start- und Ziellinie auf dem Boden vor dir (kein Teppich!).
- Start und Ziel müssen zwei Meter (zwei große Schritte) weit auseinander liegen.
- Stelle das Papierboot hinter die Startlinie.

Spielregeln

- Fächere dem Boot Luft zu, sodass es sich zur Ziellinie hinbewegt.
- Als Fächer darf nur das Buch genutzt werden.
- Erreichst du das Ziel nicht innerhalb von 30 Sekunden, hast du verloren.

Faltanleitung für Papierboot:

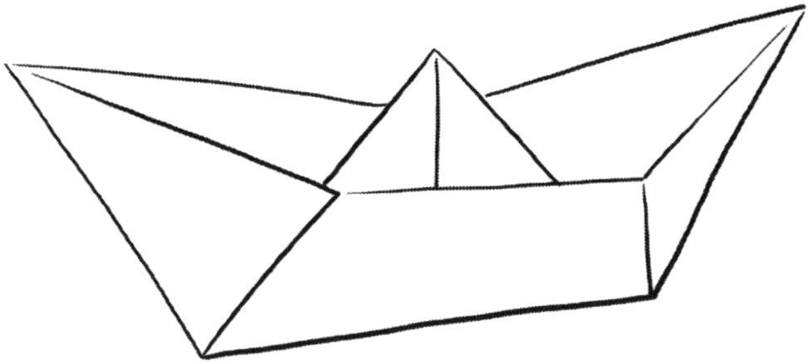

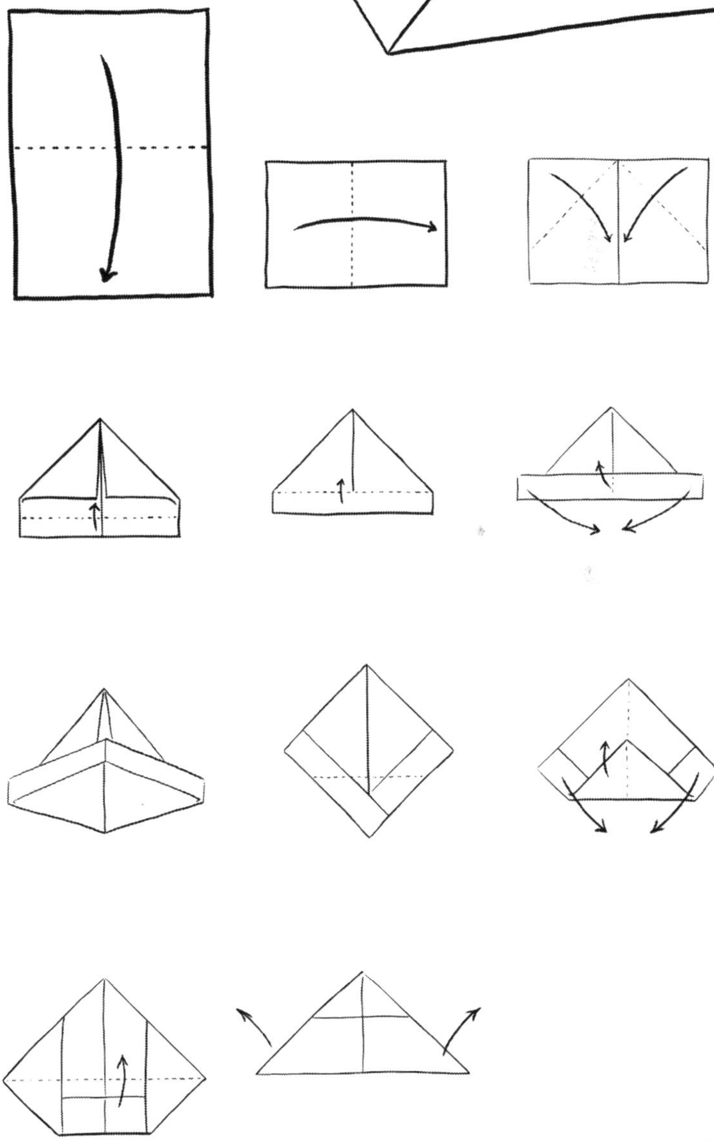

Spiel 34

Qual der Wahl

Dein Schiff fährt über die Ziellinie. Zugegeben, Erster bist du nicht geworden, aber Letzter zum Glück auch nicht.

Zusammen mit den anderen Siegern machst du dich auf den Weg zur nächsten Tür. Hinter dir fährt eine Glaswand nach oben, sobald die Zeit auf null gefallen ist. Dahinter siehst du, wie die Bäume des künstlichen Parks zu wackeln beginnen und einer nach dem anderen fällt. Schon bald ist die einst grüne Wiese von zerquetschten Leichen bedeckt und färbt sich in der Farbe ihres Blutes.

Du drehst dich weg. So viel Tod und Leid erträgst du nicht. Der Mann von vorher läuft neben dir und fragt dich:

„Geht's? Schau nicht hin. Mach einfach weiter."

Leichter gesagt als getan.

Der nächste Raum ist komplett leer. Statt nur einer roten Tür gibt es mehrere. Über jeder Tür steht etwas anderes geschrieben.

Gaskammer mit
rotem Licht

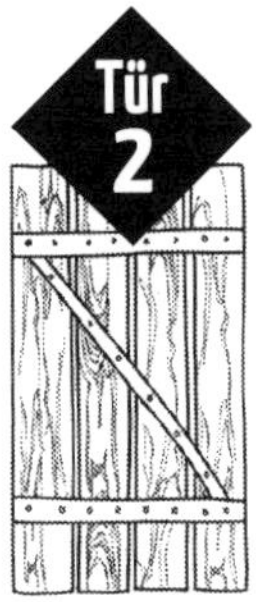

verurteilte Kannibalen
mit Messern

1.000 giftige
Schlangen

Becken voll mit
heißem Fett

seit Jahren
ungefütterte Löwen

„Sie haben die Wahl. Wählen Sie weise."

Sollt ihr euch jetzt etwa aussuchen, wie ihr sterben wollt?

Spielregeln

- Wähle eine der Türen, durch die du hindurchgehen willst und kreise sie ein.
- Es gibt nur eine richtige Antwort.
- Wählst du die falsche, stirbst du.

Die Lösung findest du auf der nächsten Seite.

Lösung

Tür 5 ist der richtige Durchgang. Die Löwen sind mittlerweile tot, da sie längst verhungert sind.

Spiel 35

Labyrinth

Du nimmst die Tür mit den Löwen. Aber hier sind keine Löwen. Hier sind nur Hecken. Sowohl links als auch rechts von dir. Soweit das Auge reicht.

Das bekannte Summen ertönt und die Uhr fängt an zu laufen. Du gehst den Gang entlang und kommst an eine Gabelung. Es ist also ein Labyrinth. Hinter dir kommen langsam auch die anderen Teilnehmer den Gang entlang. Die letzten von ihnen fangen plötzlich an zu schreien und zu rennen.

„Da ist irgendwas!“

Du hörst ein unheimliches Brüllen und siehst, wie die letzte Spielerin eurer Gruppe von etwas zu Boden gerissen wird. Sie schreit, während sie nach hinten gezogen wird. Du solltest besser rennen!

Spielregeln

- Finde den Weg aus dem Labyrinth zur nächsten Tür. Zeichne den richtigen Weg ein.
- Dir bleiben nur zwei Minuten, um die Aufgabe zu lösen.

Start

Spiel 36

Murmel-Rätsel

Das unheimliche Grummeln kommt immer näher. Die nächste Gabelung. Du weißt nicht, wo du lang sollst, und zögerst.

Der Mann, der nun schon öfter mit dir geredet hat, packt dich am Handgelenk und zieht dich mit sich. Ihr erreicht den Ausgang.

Außer Atem bedankst du dich für seine Hilfe. Er winkt nur ab:

„Ich denke, hier sollte man sich helfen. Ist doch klar."

Wieder ist der neue Raum leer. Wieder steht ein Text an der Wand. Wieder merkst du dir, was dort steht:

In einer Grundschule werden jeden Morgen Murmeln an die Kinder verteilt. Benehmen sich die Kinder schlecht, wird ihnen die Murmel weggenommen. Wer am Ende des Tages noch seine Murmel hat, bekommt einen Stern. Sammelt man in einer Woche alle fünf Sterne, gibt es freitags eine Süßigkeit. Kinder, die sich schlecht benehmen, bekommen beim zweiten Verweis innerhalb eines Tages am nächsten Tag gar keine Murmel, da sie sozusagen im Minus sind.

Die Kinder nehmen also wie jeden Morgen eine Murmel aus einem Korb. 20 Kinder sind in der Klasse, keiner hat sich schlecht benommen, also gibt es 20 Murmeln. Nachdem sich jedes Kind seine Murmel genommen hat, befindet sich trotzdem noch eine im Korb. Woran könnte das liegen?

Im Gegensatz zu dem vorigen Text ist die Frage hier deutlich gestellt. Du fängst an, zu rätseln, kommst aber bisher noch auf keine Antwort.

Auf einmal erfüllen Sirenen die Stille, rote Lampen blinken im ganzen Raum. Die Wand mit der Tür, aus der ihr gekommen seid, kommt näher. Sie treibt euch durch die blaue Tür in den nächsten Raum. Du brauchst eine Antwort!

Doch du findest keine. Nicht schnell genug. Du musst durch die Tür gehen, ohne die Antwort zu wissen. Andere Mitspieler beklagen sich ebenfalls. Sie haben auch noch keine Antwort auf die Frage.

Im nächsten Raum verstummt der Alarm. Die Lichter hören auf zu blinken. Auf dem Boden stapeln sich Rucksäcke, die ihr euch zögerlich überzieht. Kaum hast du den Rucksack auf dem Rücken, fällst du durch den Boden. Er klappt weg.

Neben dir schreit jemand seine Antwort auf die Frage. Nichts passiert.

Ein weiterer Spieler ruft etwas, du kannst ihn aber nicht genau verstehen. Sein Fallschirm öffnet sich. Scheinbar ist dafür die richtige Antwort nötig. Es bleiben nur noch wenige Meter bis zum Boden.

Spielregeln

- Finde die richtige Antwort auf die Frage.
- Du hast drei Minuten Zeit dafür.
- Schreibe deine Antwort auf.
- Nach Ablauf der Zeit, blättere um und du siehst die Lösung. Nur wenn sie mit deiner Antwort identisch ist, hast du das Spiel gewonnen.

Die Lösung findest du auf der nächsten Seite.

Wie kann es sein, dass sich noch eine Murmel im Korb befindet?

Lösung

Das letzte Kind hat den Korb samt der Murmel mitgenommen, da es der Klassensprecher ist und auf den Korb aufpassen soll.

Spiel 37

Wasserglas

Nur ein paar Meter über dem Boden öffnet sich dein Fallschirm. Das war knapp. Du landest in einem Raum, in dem alles schief zu sein scheint.

Der Boden fühlt sich an, als würdest du nicht gerade stehen. Die Wände sind schief, die Möbel scheinen in jede Richtung zu fallen, nur dass sie in dieser Position festgeschraubt sind.

Die Aufgabe bekommst du von einer Person in Schwarz auf einem Klemmbrett überreicht: „Zeichnen Sie in das aufgemalte Glas mit einem Strich die Flüssigkeit darin ein.“

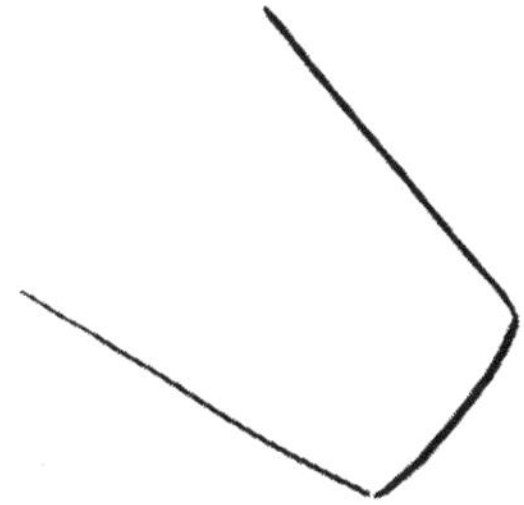

Spielregeln

- Zeichne das Wasser in das Wasserglas ein. Du darfst nur einen einzigen Strich ziehen. Die Wassermenge spielt keine Rolle.
- Nur wenn deine Antwort mit der Lösung übereinstimmt, gilt dieses Spiel als bestanden.

Die Lösung findest du auf der nächsten Seite.

Lösung

Die Wasserlinie muss parallel zur Buchseite verlaufen. Sie darf keinesfalls schräg sein.

Egal, wie du das Glas neigst, das Wasser richtet sich der Schwerkraft entsprechend immer parallel zum Erdboden aus.

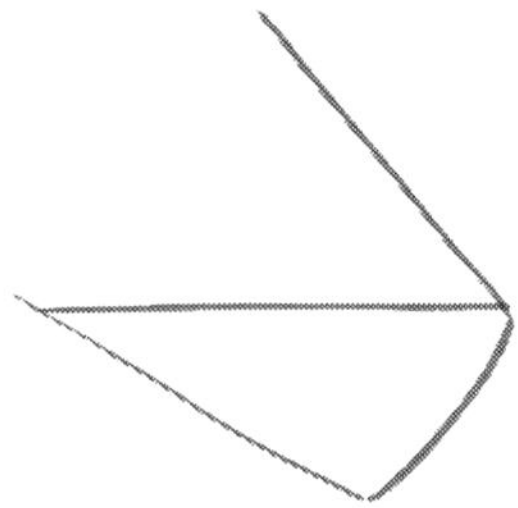

Spiel 38

Symbol-Quiz

Du ziehst deinen Strich. Dann schaust du dich im Raum um. Jetzt verstehst du auch, weshalb in diesem Raum alles schief ist. Es soll euch bei der Aufgabe beeinflussen. Aber egal, wie schief ein Gegenstand auch steht, eine Flüssigkeit darin bleibt immer gerade. Der Mann, der dir vorher geholfen hat, scheint noch nicht auf die korrekte Antwort gekommen zu sein. Als du an ihm vorbei zur nächsten Tür gehst, flüsterst du ihm die Antwort zu. Du willst nicht in seiner Schuld stehen. Er hat dir schließlich das Leben gerettet. Jetzt bist du an der Reihe, ihm zu helfen. Er kommt nur wenige Sekunden nach dir in den nächsten Raum.

„Danke. Schätze, wir sind ein gutes Team, du und ich. Vielleicht sollten wir uns zusammentun? Uns gegenseitig helfen, wenn wir die Antwort nicht wissen oder bei einer Aufgabe nicht weiterkommen."

Du überlegst. Denkst an das Mädchen, mit dem du vorher eine Art Team gebildet hast. Denkst an das Labyrinth, in dem du beinahe gestorben wärst, wenn der Mann dich nicht mitgezogen hätte. Dann fällt dir ein, dass er dir auch schon vorher geholfen hat. Er hat dafür gesorgt, dass du weitermachst nachdem Maya ... nicht weitermachen konnte. Du antwortest ihm:

„Wenn ich dir helfen kann, tue ich es."

„Sehr gut. Ich bin übrigens Sebastian."

Auch du stellst dich vor. Ihr gebt euch die Hand. Erst jetzt fällt dir der Raum um dich herum auf. Er erinnert an ein großes Kinderzimmer. Stofftiere, bunte Möbel. Sogar ein Bällebad gibt es. An einer Wand sind verschiedene Symbole aufgemalt. Ist das die Aufgabe? Du schaust sie dir genauer an.

„Es sind Sprichwörter. Redensarten."

Eigentlich murmelst du es nur vor dich hin, doch da Sebastian neben dir steht, nimmt er dein Gemurmel als direkten Hinweis. Ihr schaut euch an. Und macht euch an die Arbeit.

Spielregeln

- Löse das Rätsel und finde die passenden Sprichwörter und Redensarten heraus.
- Schreibe deine Antwort unter die Symbole.
- Du hast drei Minuten Zeit.
- Nur wenn du vier von sechs Sprichwörtern gelöst hast, gilt das Spiel als gewonnen.

Die Lösung findest du auf Seite 142.

1

2

3

4

5

6

Lösung

1. Jeder sollte vor seiner eigenen Tür kehren.
2. Morgenstund hat Gold im Mund.
3. Lügen haben kurze Beine.
4. Einem geschenkten Gaul schaut man nicht ins Maul.
5. Jeder ist seines Glückes Schmied.
6. Aller guten Dinge sind drei.

Spiel 39

Im Wüstensand

Für den Weg zur Tür bleibt euch nicht viel Zeit. Ihr rennt zum Ausgang, als sich an der Decke eine Klappe öffnet und immer mehr Bälle den Raum füllen.

Ihr betretet den nächsten Raum gemeinsam. Es ist heiß. Unter euren Füßen ist Sand. Eine Wüste. Zumindest sieht der Raum aus wie eine. Ihr geht im Raum umher. Keine Durchsage. Kein Text. Nichts. Dann siehst du eine Zeichnung im Sand. Ein paar Meter weiter, findet ihr noch mehr:

● + ▲ = 13

■ + ▲ = 8

● - ■ = ▲

▲ + ▲ + ■ = 13

● + ▲ + ■ = 16

▲ ______

■ ______

● ______

Das ist also eure Aufgabe.

Spielregeln

- Finde den Wert der Symbole heraus und schreibe ihn daneben. Du hast drei Minuten Zeit.

Die Lösung findest du auf der nächsten Seite.

Lösung

▲ 5

■ 3

● 8

● + ▲ = 13
8 5

■ + ▲ = 8
3 5

● – ■ = ▲
8 3 5

▲ + ▲ + ■ = 13
5 5 3

● + ▲ + ■ = 16
8 5 3

Spiel 40

Nicht blinzeln

Noch immer rätselt ihr an der Aufgabe, als ein Mann zur roten Tür geht. Selbstbewusst tippt er seine Antwort in das Zahlenfeld. Ein Ton verkündet seinen Fehler. Die Tür geht nicht auf. Stattdessen fängt der Sand unter seinen Füßen an, sich zu bewegen. Skorpione bahnen sich ihren Weg an die Oberfläche und seinen Körper hinauf. Sie stechen zu. Der Mann wird blass. Seine Augen drehen sich nach hinten. Schaum bildet sich vor seinem Mund. Es dauert nur wenige Sekunden, bis er tot umkippt.

Ihr habt das Rätsel nun gelöst und begebt euch als nächstes an das Zahlenfeld. Ihr liegt richtig und geht durch die nächste Tür. Gerade setzt du einen Fuß durch den Türrahmen, da wird dir eine wässrige Substanz in die Augen gespritzt.

„Nicht blinzeln. In Ihren Augen befindet sich nun ein Nervengift, dass sich durch wiederholtes Blinzeln schneller im Körper verteilt. Das Gegengift wird nach 25 Sekunden freigesetzt."

Spielregeln

- **Für die nächsten 25 Sekunden darfst du nicht blinzeln. Tust du es doch, hast du das Spiel verloren.**

Spiel 41

Rechnen

Endlich. Der erlösende Regen mit dem Gegengift.

Für alle, die während der vorgegebenen Zeit nicht geblinzelt haben und jetzt nicht tot auf dem Boden liegen, öffnet sich ein Tor zum nächsten Raum.

Schon bevor du den Raum betrittst, hast du durch die Geräuschkulisse einen Eindruck, welche Art von Räumlichkeit dich hier erwartet. Deine Vorahnung bestätigt sich.

Menschen, die wie wild durcheinanderrufen. Klingelnde Telefone. Bildschirme an den Wänden, auf denen Zahlen und Graphen sich in ständigem Wechsel befinden und ein Geräuschpegel, der dich jetzt schon fast in den Wahnsinn treibt.

Scheinbar befindest du dich an der Börse. Bei den Brokern und Wertpapierhändlern, Aktienexperten und Zahlenjongleuren.

Zwischen den schreienden Menschen, die hier offenbar eine Schauspielrolle spielen, sind Schreibtische und Plätze für euch freigehalten worden. Auf jedem Schreibtisch befindet sich eine Nummer. Du setzt dich an den für dich vorgesehenen Tisch und blickst auf einen Computerbildschirm mit der Schrift: „Löse die Aufgaben."

Dann wechselt der Bildschirm zu einer anderen Ansicht. Die erste Aufgabe ist zu sehen. In der linken oberen Ecke läuft deine Zeit.

Spielregeln

- Löse die Matheaufgaben innerhalb von fünf Minuten ohne Hilfsmittel wie Taschenrechner oder ähnliches.
- Du musst mindestens 23 von 26 Aufgaben richtig lösen.

Die Lösung findest du auf der nächsten Seite.

2 x 2 x 2 x 2 = ______

1 + 2 + 3 + 4 + 5 = ______

5 x 5 - 25 = ______

3 : 3 + 41 = ______

9 x 2 - 9 = ______

15 – 3 + 15 = ______

7 x 3 + 9 = ______

8 - 2 x 3 = ______

1 + 10 + 1 = ______

7 + 6 : 3 = ______

19 – 2 x 0 = ______

72 x 3 = ______

45 – 6 - 9 = ______

3 x 6 x 3 = ______

16 x 7 = ______

1042 - 786 = ______

4 x 4 x 4 = ______

15 - 9 + 627 = ______

8 x 2 x 4 = ______

333 + 222 + 111 = ______

31 x 9 = ______

67 - 9 - 6 - 3 = ______

210 : 3 - 90 = ______

12 + 12 x 12 = ______

3 - 4 + 5 - 6 + 7 = ______

48 : 2 : 2 = ______

Lösung

2 x 2 x 2 x 2 = **16**

1 + 2 + 3 + 4 + 5 = **15**

5 x 5 - 25 = **0**

3 : 3 + 41 = **42**

9 x 2 - 9 = **9**

15 – 3 + 15 = **27**

7 x 3 + 9 = **30**

8 - 2 x 3 = **2**

1 + 10 + 1 = **12**

7 + 6 : 3 = **9**

19 – 2 x 0 = **19**

72 x 3 = **216**

45 – 6 - 9 = **30**

3 x 6 x 3 = **54**

16 x 7 = **112**

1042 - 786 = **256**

4 x 4 x 4 = **64**

15 - 9 + 627 = **633**

8 x 2 x 4 = **64**

333 + 222 + 111 = **666**

31 x 9 = **279**

67 - 9 - 6 - 3 = **49**

210 : 3 - 90 = **-20**

12 + 12 x 12 = **156**

3 - 4 + 5 - 6 + 7 = **5**

48 : 2 : 2 = **12**

Spiel 42

Gleichgewicht

Du stehst von deinem Platz auf und begibst dich zur nächsten Tür. Dort warten bereits andere Teilnehmer, die Tür lässt sich aber noch nicht öffnen. Einen Mechanismus kannst du auch nicht erkennen, die Antworten auf die gestellten Fragen wurden direkt im Computer eingegeben und am Ende abgeschickt.

Die Zeit läuft weiter herunter. Sebastian schafft es gerade noch rechtzeitig zu euch. Die Tür öffnet sich nur wenige Sekunden lang. Ihr rennt alle in den nächsten Raum und hört, wie hinter der Tür eine Bombe explodiert. Dann ist alles still. Allerdings nur für etwa fünf Sekunden. Die Stille wird von einer fröhlichen Zirkusmusik abgelöst. Passend. Als du dich umdrehst, stellst du fest, dass du dich im Inneren eines riesigen Zirkuszelts befindest. Allerdings bist du nicht auf dem Boden. Ihr steht auf einer Plattform, die durch ein Hochseil mit einer weiteren Plattform auf der anderen Seite verbunden ist.

„Sehr geehrte Teilnehmer der Spiele. Sie sind weit gekommen. Wir gratulieren."

Sebastian flucht leise neben dir:

„Wenn man das hört, könnte man meinen, wir seien freiwillig hier."

Die Stimme redet ungestört weiter:

„Das nächste Spiel stellt Ihren Gleichgewichtssinn auf die Probe. Die Münze muss senkrecht auf dem Buch stehen. So senkrecht, wie Sie auf dem Hochseil balancieren müssen.“

Welches Buch? Welche Münze? Die Tür hinter euch öffnet sich erneut und mehrere Personen in Schwarz betreten den Raum – bewaffnet. Sie schieben euch vorwärts, bis ihr am Hochseil steht und einer nach dem anderen darauf balancieren muss. Von der anderen Seite kommen ebenfalls in Schwarz gekleidete Personen und halten euch davon ab, das Seil wieder zu verlassen. Sie reichen euch Bücher und Münzen. Diese sollt ihr unter euch verteilen. Jeder ein Buch. Jeder eine Münze.

Unter euch befindet sich ein Fallnetz, weswegen die Angst zu fallen bisher erträglich war. Jetzt aber fängt das Netz Feuer. Die aufsteigende Panik lässt einige Spieler schwanken und in die Tiefe fallen. Ein „Platsch“ zeugt von ihrem sofortigen Tod.

Spielregeln

- Lege das Buch zugeklappt auf deine flache Hand.
- Versuche die Münze senkrecht daraufzustellen, so dass sie mindestens fünf Sekunden stehenbleibt.
- Gelingt dir dies nicht innerhalb von zwei Minuten, ist das Spiel verloren.

Spiel 43

Umparken

Die Zeit läuft ab und ihr dürft das Hochseil wieder verlassen. Jedenfalls alle, bei denen die Münze aufrecht stand. Diejenigen, die diese Aufgabe nicht gemeistert haben, werden vor dem Betreten der Plattform nach unten geschubst. Weigern sie sich nah genug an die Plattform zu treten, um geschubst zu werden, übernimmt ein Schuss in den Kopf die Arbeit.

Als du wieder festen Boden unter den Füßen spürst, kannst du endlich aufatmen. Du hattest gar nicht gemerkt, dass du die Luft angehalten hattest. Die Tür hinter den in Schwarz gekleideten Menschen bringt euch an eine Art Autobahn. Nur dass die Autos nicht an euch vorbeifahren und dann hinter dem Horizont verschwinden – wie könnten sie das auch in einem abgeschlossenen Raum – sondern immer von einer Seite zur anderen und wieder zurückfahren. Ihr bekommt etwas in die Hand gedrückt: Ein Schieberätsel.

Um sicher über die Straße zu kommen, musst du das Rätsel lösen. Scheinbar haben einige deiner Mitspieler die Vermutung, sie hätten das Rätsel gelöst und begeben sich auf den Weg. Auch Sebastian will sein Glück versuchen. Kurz bevor ihn ein Auto erfasst, kannst du ihn noch am Kragen zurückziehen. Das war knapp. Er war losgelaufen, obwohl er das Rätsel noch nicht beendet hatte.

„Puh. Das war knapp. Aber jetzt weiß ich wenigstens, dass ich auf dich zählen kann.“

Ein Vertrauenstest? Deshalb läuft er fast vor ein fahrendes Auto? Du musst ihn wohl wirklich besser im Auge behalten.

Jetzt musst du aber erstmal dafür sorgen, dass du dieses Rätsel löst. Sonst landest du auch noch unter den Reifen.

Spielvorbereitung

- Schneide die Blöcke und den Spielplan aus dem Buch.
- Lege die Blöcke genau wie hier dargestellt auf den Spielplan:

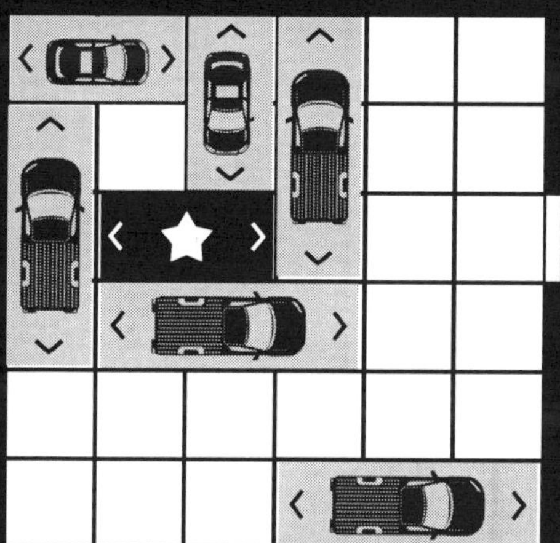

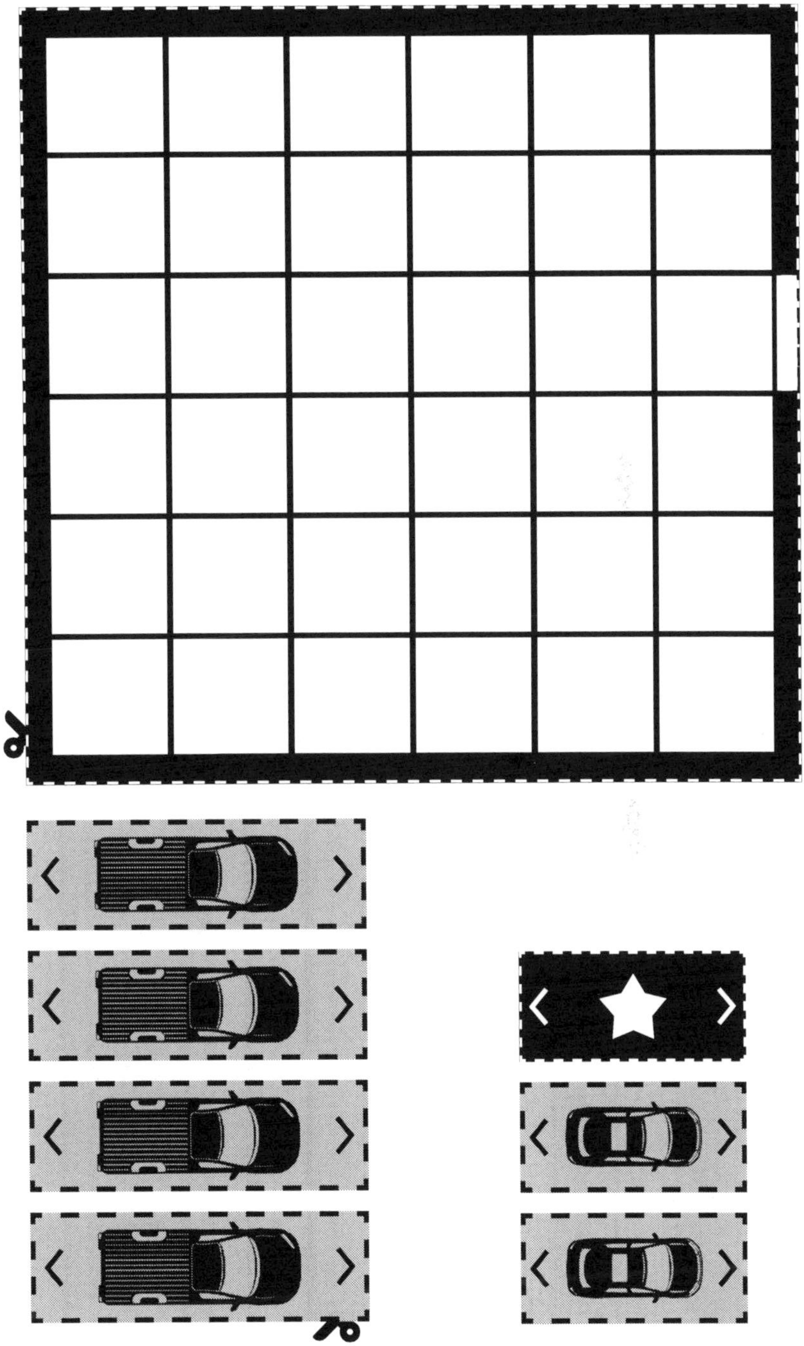

Spielregeln

- Verschiebe die Blöcke so, dass der Block mit dem Stern durch die Öffnung aus dem Spielplan geschoben werden kann.
- Du hast vier Minuten Zeit.
- Die Blöcke können immer nur in ihrer Längsrichtung verschoben werden. Seitlich dürfen die Blöcke nicht bewegt werden.
- Du kannst die Blöcke so häufig hin und her bewegen, wie du möchtest.
- Die Blöcke dürfen nicht über den schwarzen Begrenzungspfad hinausgeschoben werden.

Spiel 44

Sonne, Mond und Sterne

Ihr schafft es auf die andere Straßenseite und geht durch die nächste Tür.

Nach der hektischen Autobahn erwartet euch hier eine ruhige Umgebung und sogar der Sternenhimmel. Zumindest eine Nachbildung. Ihr befindet euch in einem Planetarium.

Die sternenbesetzte Decke über euren Köpfen fängt an, sich zu drehen. Die im Kreis angeordneten Sitzplätze tragen jeweils eure Nummern.

Du setzt dich auf deinen Platz und stellst fest, dass Sebastian einige Plätze weiterlaufen muss. Nach ein paar Schritten ist er außerhalb deines Blickfelds.

Kaum habt ihr alle eure Plätze eingenommen, schnappen Fußfesseln an euren Knöcheln zu und die kühle Stimme dröhnt aus den Lautsprechern:

„Bitte greifen Sie für das nächste Spiel unter Ihren Sitz. Dort finden Sie eine Schablone. Das Symbol muss herausgelöst werden."

Du greifst unter den Sitz und holst eine Schablone mit einem Stern hervor. Bei den Spielern neben dir siehst du noch andere Formen wie eine Mondsichel oder eine Sonne.

Eine Schere oder etwas zum Schneiden, findest du allerdings nicht. Die Frau neben dir beginnt an ihrer Mond-Schablone zu reißen. Vorsichtig versucht sie, die Form herauszulösen, doch schon wird klar, dass diese Aufgabe nicht so leicht zu meistern ist, wie es vorerst scheint.

Sie schafft es nicht, die Form sauber herauszutrennen. Sie versucht panisch, die Fesseln an ihren Knöcheln zu lösen, scheitert aber und verfällt bald darauf in Schluchzen. Mit deiner Form musst du also sehr vorsichtig umgehen.

Spielvorbereitung

- Schneide die Seite mit der Stern-Form aus dem Buch heraus.

Spielregeln

- Das Ziel: Trenne die Form sauber heraus.
- Es dürfen keine Scheren oder andere Hilfsmittel genutzt werden.
- Falte dazu das Blatt entlang der Linien schnell hin und her und reiße es dann vorsichtig ein.
- Franzt das Symbol zu sehr aus und geht über die graue Markierung hinaus oder reißt ein, hast du verloren.
- Du hast drei Minuten Zeit.

Spiel 45

Zielwurf

Triumphierend schaust du in deine Hände. Die Form ist herausgelöst. Sie ist nicht zu stark ausgefranst.

Du kannst von deinem Sitz aufstehen und zur nächsten Tür gehen. Sebastian erwartet dich dort bereits. Er hätte auch allein in den nächsten Raum gehen können, hat sich aber dafür entschieden, auf dich zu warten. Ihr geht durch die Tür zum nächsten Raum und landet in einem Aufzug aus Glas. Langsam, ganz langsam, fährt der Aufzug nach oben und erlaubt euch einen letzten Blick auf das Planetarium.

Und auf die Menschen, mit denen ihr bisher zusammen an diesem Ort eingesperrt wart. Ihr seht, wie sie versuchen, sich aus ihren Fesseln zu lösen, um Hilfe schreien, wissen, dass die letzten Sekunden ihres Lebens angebrochen sind.

In der Mitte des Raums fährt eine Plattform nach unten. Dann fährt sie wieder herauf, diesmal allerdings befinden sich Klingen darauf, die kreisförmig angeordnet sind.

Der Raum verändert sich. Die Mitte kippt immer mehr nach unten, bis eine Trichterform entsteht. Eure Mitspieler hängen jetzt nur noch an ihren Fesseln in den Sitzen. Dann beginnen sich die Klingen in der Mitte zu drehen. Immer schneller, beinahe wie in einem Mixer.

Ein schrecklicher Gedanke kommt dir. Der ganze Raum ist ein riesiger Schredder. Für Menschen.

Und tatsächlich: Nach und nach lösen sich die Fesseln und die Spieler rutschen in die Mitte des Raums. Festhalten können sie sich nicht. Das Blut spritzt durch den ganzen Raum. Auch die Glasscheibe des Aufzugs wird davon nicht verschont.

Ihr erreicht den nächsten Raum.

Kaum öffnet sich der Aufzug, musst du dich erst einmal übergeben. Der Anblick geht dir nicht aus dem Kopf.

Ein ganz anderes Bild liefert dir der nächste Raum: ein Dschungel. Mitsamt der Geräusche von zahlreichen Vögeln.

Vor euch steht eine Bank, auf der acht kleine Bälle liegen. Einige Meter entfernt erkennst du Gegenstände, die es wohl zu treffen gilt. Du versuchst, dich zu beruhigen und zielst.

Spielvorbereitung

- Schneide die fünf Gegenstände aus und stelle sie zwei Meter (etwa zwei große Schritte) vor dir auf einem Tisch auf.
- Knülle anschließend ein Blatt Papier zu einer Kugeln zusammen – deine Munition.

Spielregeln

- Die Gegenstände müssen umgeworfen werden.
- Um zu gewinnen, müssen alle Gegenstände in acht Versuchen umkippen.

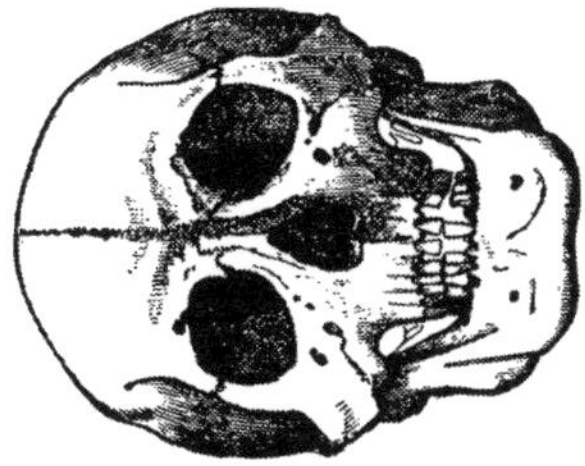

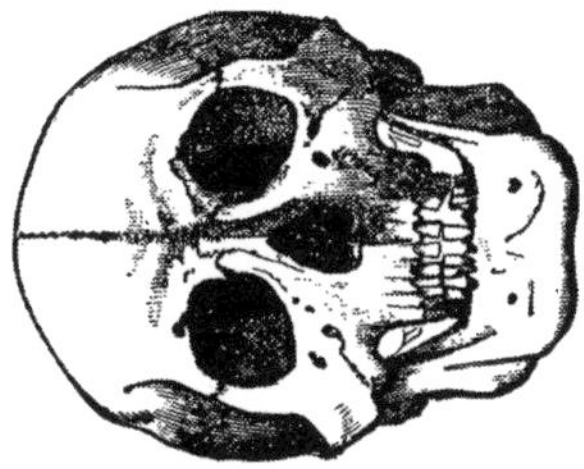

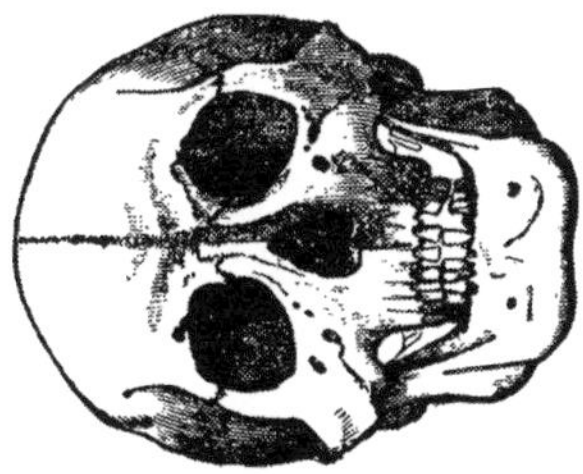

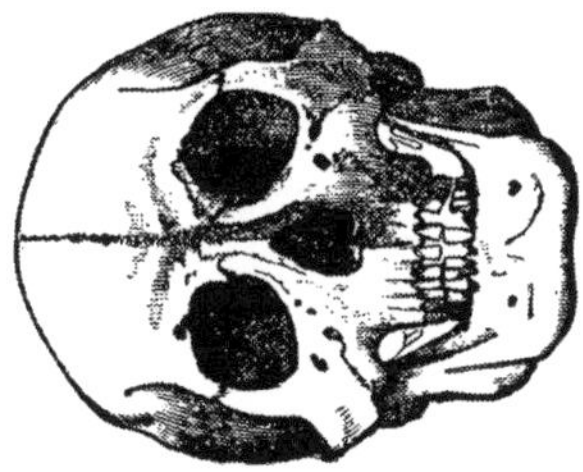

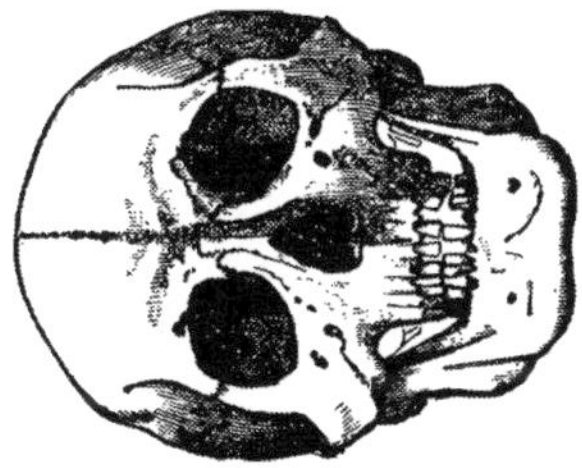

Falten

Noch zwei Gegenstände sind übrig. Doch du hast nur noch eine Kugel. Sebastian ist bereits fertig und kommt zu dir. Er hat nicht alle seine Kugeln verbraucht. Ihr seid Partner. Du kannst sie also von ihm bekommen.

„Tut mir leid. Du bist einer der größten Konkurrenten für mich. Gut, wenn ich dich schnell aus dem Weg räumen kann. War schön, solange es gedauert hat."

Er zwinkert dir zu, dreht sich um und geht zur nächsten Tür. Was? Nein. Er lässt dich im Stich? Aber ihr hattet doch abgemacht, euch gegenseitig zu helfen! Du gerätst in Panik. Wie sollst du zwei Gegenstände mit einer Kugel treffen? Ein älterer Mann neben dir hat euer Gespräch mitbekommen und bietet dir eine seiner Kugeln an.

„Nimm nur. Ich habe nur noch diese Kugel und bisher keinen einzigen Gegenstand getroffen. Du hast wenigstens noch eine Chance. Keine Sorge, mein Leben ist ohnehin bald vorbei."

Widerwillig nimmst du die Kugel. Und triffst. Du gehst zur nächsten Tür, während der alte Mann zurückbleibt. Er geht ein paar Schritte vorwärts und stellt sich in den Sand zwischen der Bank und den Gegenständen. Der Sand scheint immer weniger zu werden. Er zieht den Mann mit sich. Treibsand. Wenn er ihn tatsächlich in die Tiefe reißt, weißt du, in welchem Raum er landet. Der riesige Schredder müsste direkt darunter liegen. Du drehst dich weg. Das kannst du dir nicht anschauen. Du musst dich auf den nächsten Raum konzentrieren.

Teil 4

Die Erinnerung

Spiel 46

Skurrile Fakten

Der Raum ist ein Spiegelkabinett. Überall siehst du dich selbst und deine Mitspieler mehrfach. Auf dem ersten Spiegel sind die Regeln des Spiels beschrieben. Auf manchen der Spiegel stehen Aussagen. Darunter sind Pfeile. Ist die Aussage wahr, sollst du nach rechts gehen. Ist sie falsch, gehst du nach links.

Spielregeln

- Entscheide dich, welche der Aussagen wahr und welche falsch sind.
- Streiche zunächst alle falschen Aussagen durch.
- Überprüfe dann deine Antworten mit der Lösung.
- Nur wenn du mindestens fünf von sieben korrekten Antworten gegeben hast, gewinnst du das Spiel.

Die Lösung findest du auf Seite 170.

1

In Dänemark wird man als Single zum 25. Geburtstag mit Zimt überschüttet.

2

Unter den 100 ältesten Menschen der Welt waren 74 männlich.

3

Es gibt eine Frucht, die eine Kreuzung zwischen Banane und Apfel ist: Banapfel.

4

Das Sandwich wurde nach John Montagu, dem 4. Earl of Sandwich, benannt.

5

Das Durchschnittsalter in Deutschland lag zum Stand 2009 bei 46,5 Jahren.

6

Das Programm Excel ist nach dem legendären Schwert Excalibur benannt.

7

Die Zunge eines Blauwals wiegt etwa so viel wie ein Elefant.

Lösung

1. wahr
2. gelogen
3. gelogen
4. wahr
5. wahr
6. gelogen
7. wahr

Spiel 47

Rahmen-Rätsel

Du betrittst den nächsten Raum und siehst Sebastian. Er schaut dich an, du schaust ihn an. Und drehst dich weg. Verräter. Letztendlich kannst du dich bei diesem Spiel auf niemanden verlassen. Wenn du hier raus willst, musst du es alleine schaffen.

Du bist ja schließlich auch alleine hier hineingeraten, oder? Eigentlich hast du keine Ahnung, wie du hier gelandet bist. Ist es denn überhaupt noch wichtig?

Du blickst zu Boden. Ein Metallgitter bedeckt ihn. Ansonsten wirkt der Raum sehr unauffällig.

Für das nächste Spiel bekommst du erneut ein Klemmbrett von den Personen in Schwarz überreicht.

Das Einzige, was darauf zu sehen ist, ist ein Blatt Papier mit einer Grafik.

„Willkommen zu Spiel Nummer 47. Verbinden Sie die Punkte, ohne den Rahmen zu berühren."

Wie soll das nun wieder gehen?

Die Uhr im Raum fängt wieder an zu laufen. Drei Minuten.

Spielregeln

- Die Punkte müssen mit einer geraden Linie verbunden werden.
- Der Rahmen, der die Punkte umgibt, darf nicht übermalt werden.
- Du hast drei Minuten Zeit.

Die Lösung findest du auf Seite 174.

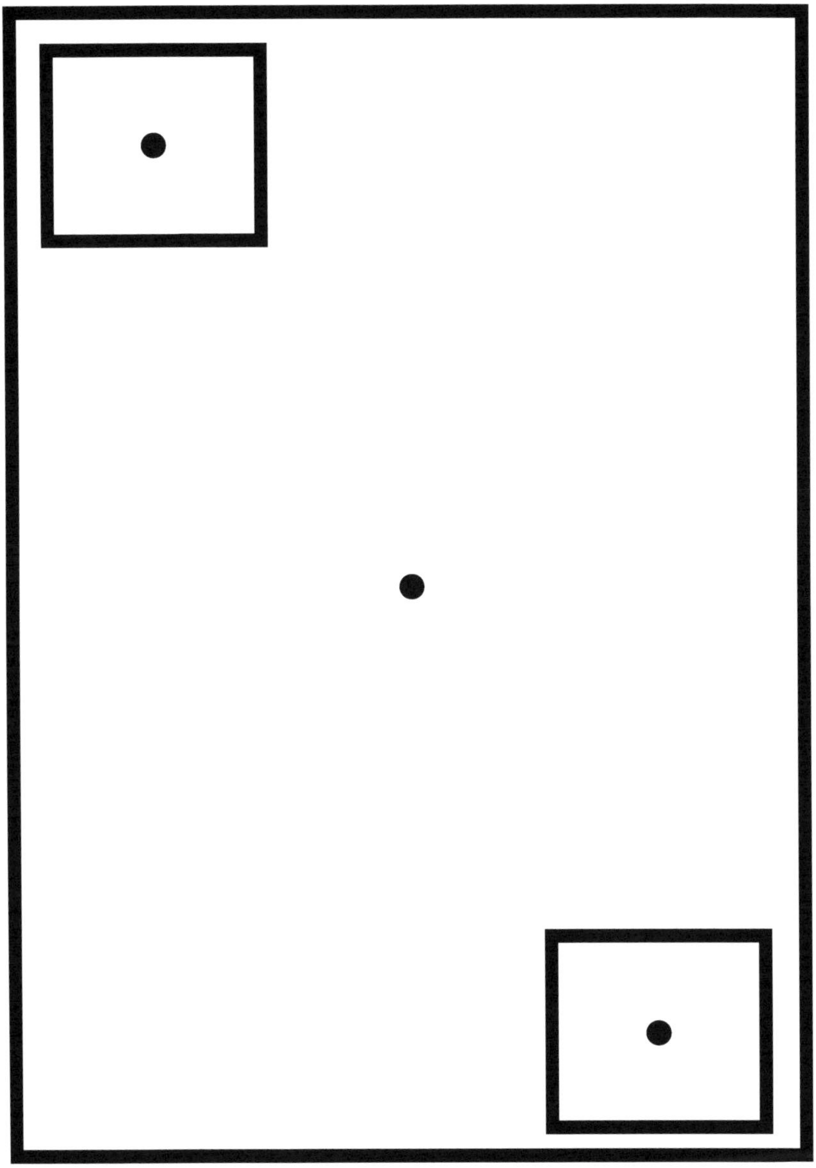

Lösung

In der Spielbeschreibung war zu lesen, dass sich die Grafik – wie in diesem Buch – auf einem Papier befindet. Du musst nur das Papier falten, so dass eine Überlappung entsteht, die den Kasten überlagert. Schon können die beiden Punkte mit einem Strich verbunden werden.

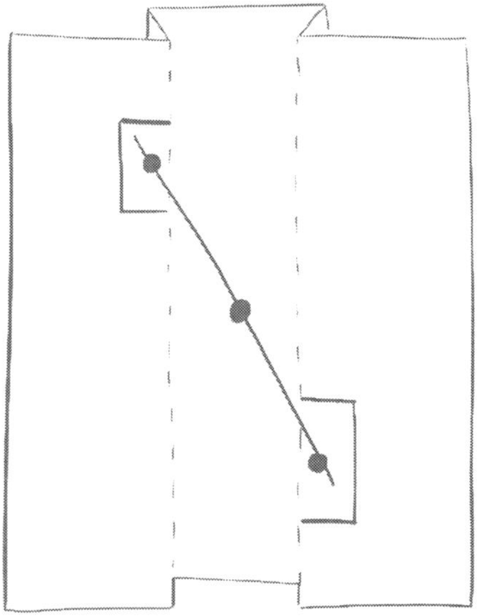

Spiel
48

Münzroller

Zugegeben, diese Aufgabe hatte es in sich. Aber du hast die Lösung trotzdem gefunden. Kaum war das der Fall, fiel ein Seil von der Decke herab. Du schaust dich noch einmal im Raum um. Die Zeit ist fast vorbei.

Sebastian fällt dir ins Auge. Scheinbar rätselt er immer noch an der Lösung. Wäre er dir nicht in den Rücken gefallen, hättest du ihm vielleicht helfen können. Doch diese Chance hat er nun verspielt.

Du behältst ihn im Auge als du dich an deinem Seil festhältst und durch einen Mechanismus nach oben gezogen wirst. Die Uhr läuft ab. Durch das Metallgitter sprühen Funken. Eine elektrische Ladung, die jeden erfasst, der sich noch nicht in der Luft befindet.

Sebastian geht zuckend zu Boden. Du siehst zu wie er stirbt, doch dieses Mal empfindest du kein Mitleid. Keine Abscheu. Erschrocken stellst du fest, dass es dich sogar ein klein wenig freut, ihn so zu sehen. Geschieht es ihm nicht recht?

Das nächste Spiel führt dich in einen sterilen Raum mit weißen Wänden, weißem Boden, weißer Decke und weißen Tischen und Stühlen. Der einzige Farbklecks im Raum ist die Uhr mit den roten Ziffern. Du setzt dich und findest vor dir ein Buch und eine Münze.

„Spiel 48: Münzroller. Lassen Sie die Münze am Rand des Buches entlanglaufen."

Zielstrebig macht sich eine Frau ans Werk. Sie legt die Münze ins Buch, klappt es zu, rollt die Münze mit den Fingern am Rand entlang und wird erschossen. Das Rot ihres Blutes ist zusammen mit den Ziffern der Uhr die einzige Farbe im Raum.

So soll es also scheinbar nicht gemacht werden. Du siehst, dass auf dem Tisch neben dem Buch und der Münze auch ein Stift liegt. Vielleicht klappt es damit besser. Viel Zeit zum Überlegen hast du nicht. Die Uhr läuft.

Spielvorbereitung

- Öffne das Buch und lege die Münze an den Rand in das Buch hinein.
- Schließe das Buch und nimm es in die Hand. Die Münze sollte mindestens noch zur Hälfte aus dem Buch ragen.

Spielregeln

- Führe die Münze mit Hilfe eines Stifts in der anderen Hand am Rand des Buches entlang.
- Die Münze muss einmal um das komplette Buch wandern.

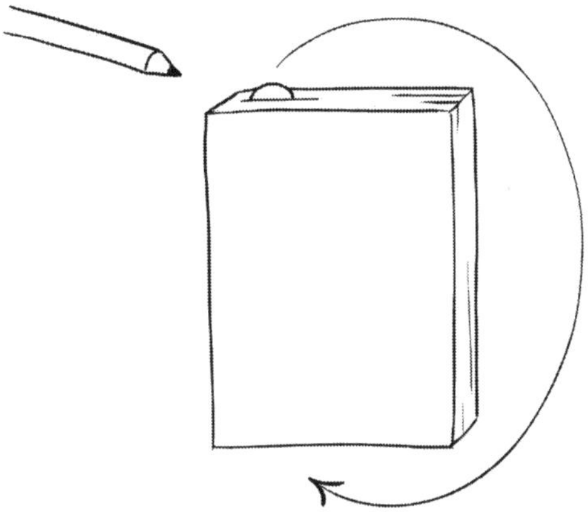

- Du darfst die Münze mit keinem anderen Objekt oder deinen Händen berühren.
- Du hast 3:30 Minuten Zeit.
- Fällt die Münze heraus oder lässt sich nicht mehr bewegen, kannst du es noch einmal von Anfang an probieren. Die Zeit läuft in diesem Fall weiter.

Tipp: Du kannst selbst entscheiden, wie stark du das Buch in deiner Hand hältst und damit die Münze einklemmst. Je weniger fest du drückst, desto leichter lässt sie sich rollen.

Spiel 49

Formen legen

Nach getaner Arbeit legst du die Gegenstände zurück auf den Tisch und gehst zur nächsten Tür. Währenddessen überlegst du. Die verschiedenen Räume scheinen keinen direkten Zusammenhang zu haben. Auch deine Mitspieler sind so unterschiedlich, wie sie nur sein könnten. Warum seid ihr nur hier? Was soll das Ganze? Ein perverses Spiel für irgendeinen kranken Menschen, der sich am Tod anderer erfreut? Aber warum dann ihr? Warum du?

Die Quadrate auf dem Boden. Der Raum, in dem du Schiffe versenken gespielt hast. Doch die Tür zum nächsten Raum ist diesmal an einer anderen Stelle.

Auch eine andere Vorrichtung ist dazugekommen. Ein Kran steht im Raum. An der Wand kannst du ein Bild sehen, das aus verschiedenen, großen Formen besteht.

Bei genauerem Hinsehen fällt dir auf, dass auch die Quadrate im Raum die gleiche Größe aufweisen, wie die auf dem Bild. Neben dem Kran erkennst du außerdem verschiedene Blöcke in unterschiedlicher Form.

Anscheinend sollst du das Bild nachbauen. Die Uhr im Raum beginnt zu laufen.

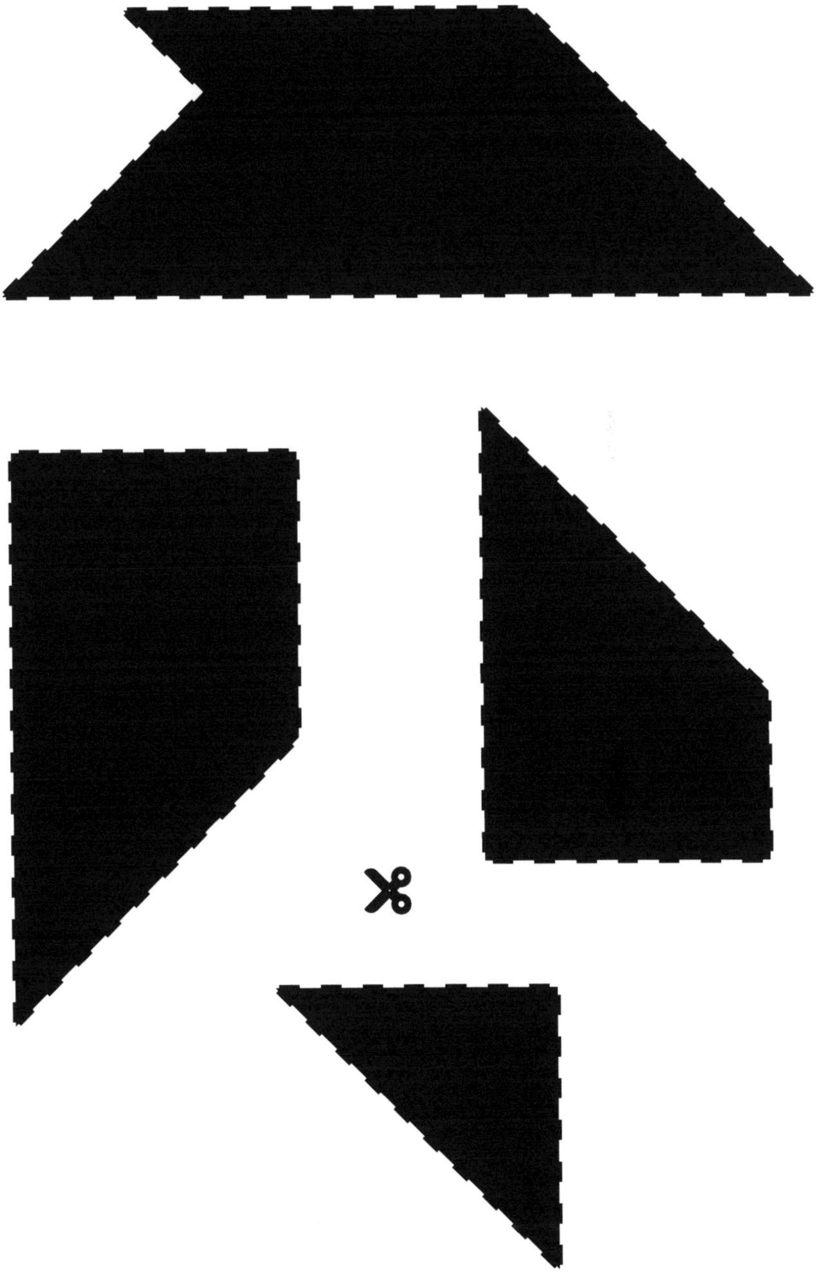

Spielvorbereitung

- Schneide die Formen aus.

Spielregeln

- Lege die ausgeschnittenen Formen so hin, dass daraus die abgebildete Figur entsteht:

- Du hast vier Minuten Zeit.

Die Lösung findest du auf der nächsten Seite.

Lösung

Um an die T-Form zu gelangen, müssen die Teile nicht nur passend angeordnet, sondern auch gedreht werden.

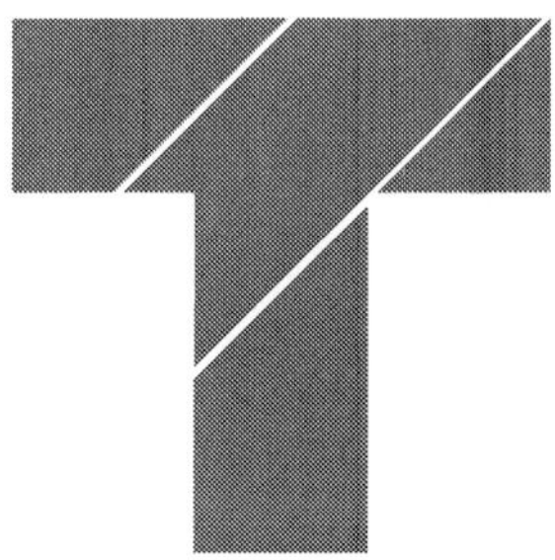

Spiel 50

Buchstaben verbinden

Du darfst den Raum verlassen. Du bist in einem Korridor. Überall an den Wänden sind Fotos von Personen, die du noch nie zuvor gesehen hast. Auch alte Zeitungsartikel erkennst du. Die Artikel handeln von Personen, die unverschuldet verstorben sind. Was für eine kranke Idee soll das nun schon wieder sein? Bevor du dich weiter umschauen kannst, wirst du in den nächsten Raum geschoben.

Hier sind von allen Wänden, der Decke und dem Boden Schnüre gespannt. Beinahe ist es unmöglich, sich einen Weg durch dieses Chaos zu bahnen. Du erreichst die Mitte des Raums. Nur hier ist genug Platz, um sich frei bewegen zu können. Auch andere Mitspieler haben sich hier schon versammelt. Waren es am Anfang der Spiele noch hunderte von Teilnehmern, fällt dir zum ersten Mal deutlich auf, wie wenige es nur noch sind. Das alles muss doch bald ein Ende haben ...

Außer den anderen Teilnehmern sind noch Leinwände in der Mitte des Raums verteilt. Sie sind wieder einmal mit euren Nummern gekennzeichnet. Ohne lange zu überlegen, gehst du auf die Leinwand mit deiner Nummer zu. Sie ist übersäht mit Buchstaben. An der Leinwand sind Schnüre befestigt, ähnlich wie die, die im gesamten Raum verteilt sind. Nachdem auch der letzte Spieler den Raum betreten hat, ertönt die Lautsprecheransage:

„Bisher haben Sie sich gut geschlagen. Dafür gratulieren wir Ihnen. Im nächsten Spiel können Sie Ihr Können erneut unter Beweis stellen. Verbinden Sie die Buchstaben miteinander."

Deine Mitspieler scheinen teilweise die Fassung zu verlieren. Ein Mann bricht zusammen und beteuert, dass es ihm leid tue, dass er das hier alles nicht mehr könne, dass er einfach nur nach Hause und mit diesem ganzen „Spiel" nichts mehr zu tun haben wolle. Er weigert sich, weiterzuspielen. Der Rest der Teilnehmer scheint zwar von seinem Nervenzusammenbruch mitgenommen, dreht sich aber letztendlich doch wieder zu der jeweiligen Leinwand um und beginnt zu spielen.

Du siehst den Mann noch einmal genau an. Es tut ihm leid? Was denn genau? Dann drehst auch du dich wieder zum Spiel und beginnst, die ersten Buchstaben zu verbinden.

Spielregeln

- Verbinde alle Buchstabenpaare durch eine Linie miteinander.
- Durch jedes Feld darf nur eine Linie führen.
- Du hast sechs Minuten Zeit.

Die Lösung findest du auf Seite 186.

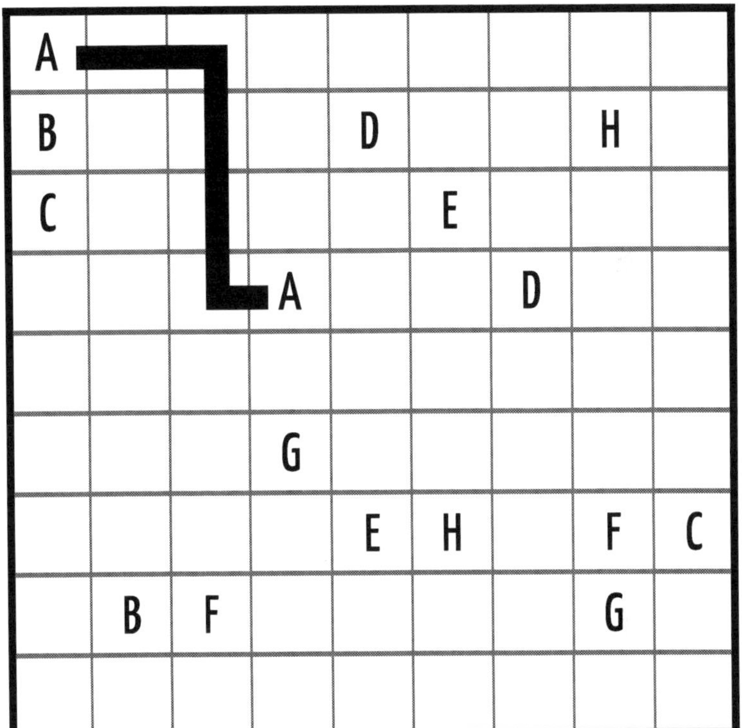
A
B D H
C E
A D
G
E H F C
B F G

Lösung

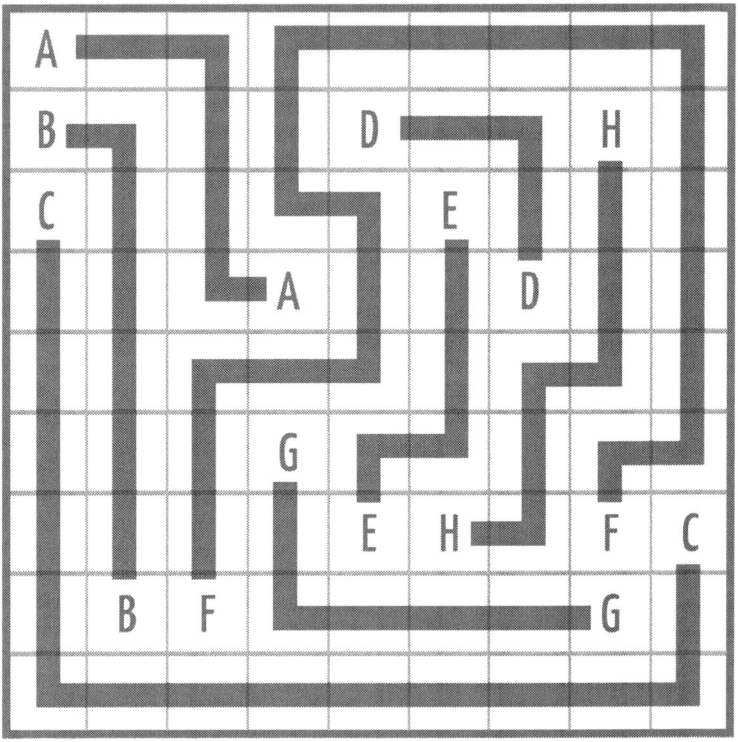

Spiel 51

Wortsuche

Du bist an dem letzten Buchstaben angekommen und das Spiel ist beendet. Doch nichts passiert. Auch die übrigen Spieler stehen jetzt ratlos im Raum oder sind noch immer mit Spielen beschäftigt.

Personen in Schwarz betreten den Raum. Wie immer tragen sie Waffen mit sich. Sie kommen auf euch zu, einer von ihnen stellt sich direkt vor dich.

„Mitkommen."

Tja, klare Anweisungen geben kann er ja. Du folgst dem Mann aus der Mitte des Raums zu einer kleinen, schnurlosen Ecke. Andere Spieler werden ebenfalls dorthin geleitet. Der Rest bleibt in der Mitte stehen. Einige Sekunden lang passiert nichts. Dann verschieben sich die Verankerungen der Schnüre blitzartig. Die Seile schnellen durch den Raum und durchtrennen alles, was ihnen in den Weg kommt mit einem geraden, schnellen, sauberen Schnitt. Auch die Teilnehmer, die nicht in der sicheren Ecke stehen, werden nicht verschont.

Als die Schnüre wieder zum Stehen kommen, ist der Boden des Raums mit abgetrennten Körperteilen und leblosen Körpern übersäht. Der Mann, der sich geweigert hatte zu spielen, ist unter ihnen. Auch eine Frau, die die Buchstaben scheinbar wahllos miteinander verbunden hatte, liegt tot im

Raum. Du scheinst die Aufgabe richtig gelöst zu haben und wirst jetzt den neu entstandenen Weg zum nächsten Raum entlanggeführt.

Dort angekommen siehst du bereits eine Teilnehmerin, der die Spiele sichtlich zugesetzt haben.

„Wieso hast du das auch getan? Es ist alles deine Schuld. Ich bin nur deinetwegen hier! Du hast den Tod verdient. Aber ich? Es war doch nur deine Idee. Ich habe nur getan, was du wolltest!“

Wovon redet sie da? Ihr Blick ist steif auf den Boden gerichtet. Sie spricht mit niemandem direkt, außer mit sich selbst. Dir ist es schon bei dem Mann in dem Raum der Schnüre aufgefallen. Immer mehr Spieler entschuldigen sich für vergangene Taten oder beschuldigen einen anderen. Sehen sie dieses Spiel als Strafe an?

Ist das der Grund, wieso sie alle hier sind? Um für Taten zu büßen, die sie vorher begangen haben? Aber wieso dann du? Du hast nichts verbrochen.

„Bitte nehmen Sie sich alle einen Schreibblock, um fortzufahren. Sie finden ihn links neben der Tür, durch die Sie eben gegangen sind. Sobald Sie den Block in der Hand halten, läuft Ihre Zeit.“

Du schnappst dir einen und liest dir deine neue Aufgabe durch. Wird es in diesem Raum immer kälter oder bildest du dir das nur ein?

Spielregeln

- Fülle den Abstand zwischen den Buchstaben mit neuen Wörtern.
- Der Anfangs- und Endbuchstabe ist jeweils vorgegeben.
- Du hast 4:30 Minuten Zeit.

B ________________ N

E ________________ E

S ________________ H

T ________________ E

E ________________ T

H ________________ S

E ________________ E

N ________________ B

Spiel 52

Münze fangen

Du löst die Aufgabe mit zitternden Fingern. Mittlerweile herrschen sicher Minusgrade im Raum. Lange hättest du es hier auch nicht mehr ausgehalten. Die Frau von vorhin hat scheinbar aufgegeben oder gar nicht erst angefangen. Sie sitzt mit starrem Blick auf dem Boden und murmelt vor sich hin.

Ihr seid hier, weil ihr etwas getan habt, für das ihr büßen sollt. Das war zumindest die Meinung der Frau, wenn du ihrem Gemurmel irgendetwas entnehmen konntest.

Du bist dir aber keiner Schuld bewusst. Hast du in deinem Leben je etwas verbrochen? Du hast dich immer an das Gesetz gehalten. Nichts gestohlen. Niemanden verletzt.

Niemanden verletzt? Bei dem Gedanken überkommt dich ein schlechtes Gefühl. Und ein Bild. Eine Frau, etwa in deinem Alter blickt dich hilfesuchend an. In deiner Erinnerung siehst du ein demoliertes Auto. Die Frau steckt dort fest, das Auto fängt Feuer.

Dann ist die Erinnerung vorbei. Hinter den anderen Spielern gehst du geistesabwesend durch die Tür in den nächsten Raum. Ein schmaler Weg führt über eine Schlucht. Bevor ihr den Pfad betretet, legen euch die Leute in Schwarz Fußfesseln an. Nur in Tippelschritten könnt ihr euch noch vorwärts bewegen.

Was ist das für ein Ort, dass hier Schluchten existieren und der nächste Raum wieder ganz normal aussieht?

Ihr stellt euch hintereinander auf dem Weg auf. Die Füße musst du hintereinander setzen, nebeneinander würden sie auf diesen schmalen Pfad nicht passen. Von oben fängt es an, Münzen zu regnen. Echte Münzen. An der Wand siehst du wieder eine Uhr mit leuchtenden Ziffern.

Die kühle Stimme aus den Lautsprechern beglückwünscht euch erneut zu eurem vermeintlichen Sieg. Dann erklärt sie euch die nächste Aufgabe:

„Fangen Sie eine der Münzen mit dem Handrücken."

Die Uhr beginnt zu laufen.

Spielregeln

- Wirf eine Münze in die Luft und versuche sie mit dem Handrücken zu fangen.
- Du darfst nur eine Hand verwenden.
- Die Münze muss für mindestens drei Sekunden auf dem Handrücken liegen bleiben, ohne herunterzufallen.
- Du hast beliebig viele Versuche.
- Das Zeitlimit beträgt eine Minute.

Spiel 53

Puzzle

Du fängst eine Münze, sie fällt dir aber kurze Zeit später wieder vom Handrücken. Endlich schaffst du es lange genug. Eine Brücke fährt von der linken Wand aus zu dir. Du steigst darauf und kannst zu der Tür laufen, die sich am linken Rand befindet. Hinter dir fährt die Brücke wieder zurück. Auch für andere Spieler wird eine Brücke ausgefahren. Die die es noch nicht geschafft haben, bleiben auf dem schmalen Pfad zurück. Die Zeit läuft ab.

Als die Uhr auf Null fällt, stoppt der Münzregen. Statt ihm kommt etwas viel Schlimmeres von der Decke. Heißes, flüssiges Metall. Es gibt kein Entkommen. Sobald das Metall ihre Haut berührt, sind die Spieler tot.

Es ist nicht das erste Mal, dass du hier siehst, wie Leute sterben, einfacher macht es das aber trotzdem nicht.

Bevor du zu diesem unwirklichen Ort kamst, hast du schließlich noch nie jemanden sterben sehen.

Nein, das stimmt nicht. Du hast jemanden sterben sehen. In diesem Auto. Nach dem Unfall.

Unfall? Was für ein Unfall? Wieder nur eine unvollständige Erinnerung. Hast du wirklich jemanden sterben sehen? Wirst du vielleicht einfach nur langsam verrückt?

Ein Mann in Schwarz packt dich am Arm und schleudert dich in den nächsten Raum. Die Tür fällt hinter dir ins Schloss. Alles ist leise.

Eine Bibliothek. Über und über gefüllt mit Bücherregalen und Tischen. Auf jedem Tisch liegen Puzzleteile. Du setzt dich und beginnst zu puzzeln. Das muss schließlich die Aufgabe sein, oder?

Die Uhr in der Ecke läuft bereits, dir bleibt also keine Zeit, um lange zu überlegen.

Spielvorbereitung

- Schneide die Puzzleteile aus und lege sie vor dich hin.

Spielregeln

- Puzzle das Bild zusammen.
- Du hast 20 Minuten Zeit, um es zu vollenden.

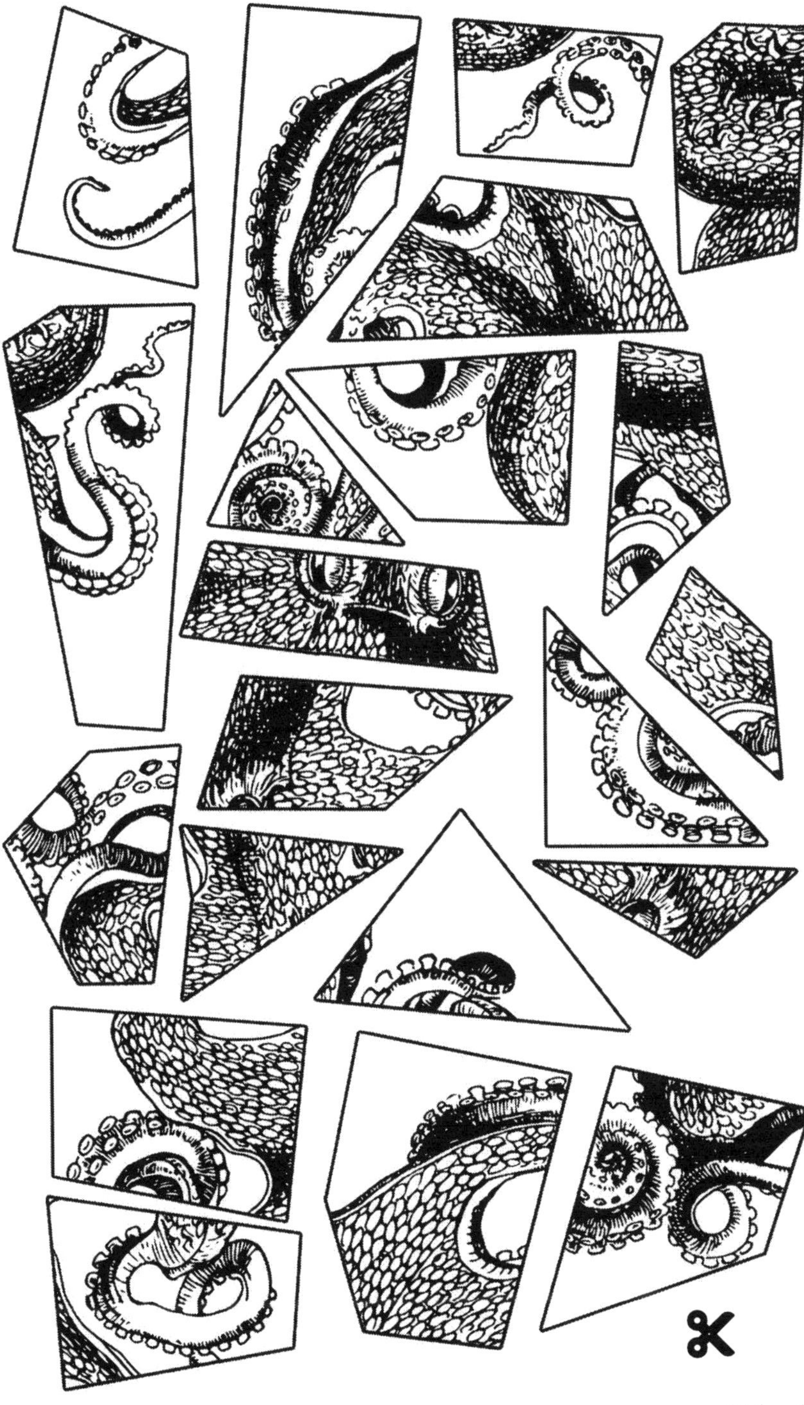

Spiel
54

Münzen schnippen

Dein fertiges Puzzle liegt auf dem Tisch. Du lehnst dich in deinem Stuhl zurück und wartest. Eine kleine Kamera fährt von oben herab, scannt dein Bild und lässt ein Bücherregal, das hinter dir stand, im Boden versinken.

Ist dahinter die Tür für den nächsten Raum? Du drehst dich um, willst nachsehen, siehst aber keine Tür. Stattdessen hörst du ein lautes Poltern genau neben dir. Die Bücherregale hinter den Spielern fallen um. Ein Teilnehmer nach dem anderen wird unter den schweren Möbeln begraben. Nur die, die ihr Puzzle vor Ablauf der Zeit gelöst hatten, sind sicher.

Erst jetzt siehst du die Treppe, die euch hinunter in den nächsten Raum führt.

Du gehst hinab und findest dich in einer Spielhalle wieder, wie es sie in den 80er Jahren häufig gab. Automatenspiele füllen den Raum. In der Mitte stehen mehrfach die gleichen Maschinen nebeneinander. Die anderen Teilnehmer warten dort bereits. Du stellst dich zu ihnen und wartest auf die Ansage aus dem Lautsprecher.

„Bitte stellen Sie sich vor den Spielautomaten auf. Ziel des Spiels ist es, eine Münze in das vorgesehene Loch zu schnippen."

Mutig willst du mit der Aufgabe beginnen. Vor dir liegen vier Münzen. Du siehst nach links und stellst fest, dass die Frau neben dir bereits ihre letzte Münze schnippt. Sie weint, ist völlig aufgelöst, ihre Hände zittern. Noch bevor die Münze in der Luft ist, weißt du, dass sie ihr Ziel nie erreichen wird. Daneben. Die Frau wird daraufhin von einem riesigen Greifarm, der von der Decke hängt, gegriffen, fast als sei sie eine Plüschfigur, die es in einem Greifarmspiel zu gewinnen gibt.

Die Metallfinger des Greifarms bohren sich durch ihren Körper, als sei sie aus Wachs. Nur langsam werden die Schreie der Frau schwächer als die Maschine sie hochhebt und in einer anderen Ecke des Raums auf den Boden platschen lässt. Ihre toten Augen starren zu euch hinüber.

Spielvorbereitung

- Lege die Münze auf eine Tischkante.
- Stelle ein Glas ca. 20 Zentimeter davon entfernt auf den Tisch.

Spielregeln

- Schnippe die Münze von der Tischkante in das Glas.
- Du hast fünf Versuche.
- Die Münze muss mindestens einmal im Glas landen.

Spiel 55

Autorennen

Als deine Münze in das Glas trifft, öffnet sich die Tür in den nächsten Raum. Laute Geräusche sind zu hören. Was ist da los? Schnell gehst du durch die Tür.

Du siehst eine Rennstrecke vor dir, über die Autos Runde um Runde rasen. Die verbliebenen Teilnehmer finden sich mit dir auf der Tribüne ein.

Alles, woran du denken kannst, ist dass du nicht in ein solches Auto steigen willst. Am Ende würdest du bei dem Versuch ein Rennen zu fahren, sicher im Graben liegen.

So wie diese Familie damals. Die Mutter, die um das Leben ihrer Kinder und ihres Mannes bangte. Dich um Hilfe anflehte, nachdem du sie wegen eines dummen Fehlers von der Straße abgedrängt hattest.

Die Erinnerung daran macht dir eines klar: Es war deine Schuld. Du warst damals für diesen Unfall verantwortlich. Aber du hast doch geholfen. Du hast deine Schuld so gut du konntest beglichen. Fehler können doch jedem passieren! Bist du deshalb hier?

Neben dir stupst dich ein Spieler an, hält dir einen Stapel Papier und Stifte hin und du kommst wieder zu Sinnen.

Du nimmst dir ein Blatt und einen Stift, reichst den restlichen Stapel weiter. Eine aufgemalte Rennbahn ist darauf zu sehen.

Die riesige Zeitanzeige springt auf 60 Sekunden. Noch läuft sie nicht.

„Beenden Sie 15 Runden in 60 Sekunden. Bitte nehmen Sie jetzt Ihre zugewiesenen Plätze ein."

Die Spieler verteilen sich daraufhin auf der gesamten Tribüne. Du erkennst, dass es nur noch rund 40 Überlebende sind. Bevor du einen weiteren Gedanken daran verschwenden kannst, hörst du ein Summen. Die Zeit läuft.

Kurz nach Beginn rast ein Auto auf einen Spieler zu. Er kann nicht schnell genug entkommen und wird von dem Auto erfasst. Sein Blatt weht durch den Wind zu dir herüber. Er hatte die Markierung übermalt.

Spielregeln

- Fahre mit dem Stift innerhalb der Markierung entlang.
- Die Markierung darf nicht übermalt werden.
  Schon bei der kleinsten Berührung gilt das Spiel als verloren.
- Schaffe 15 Runden in 60 Sekunden.

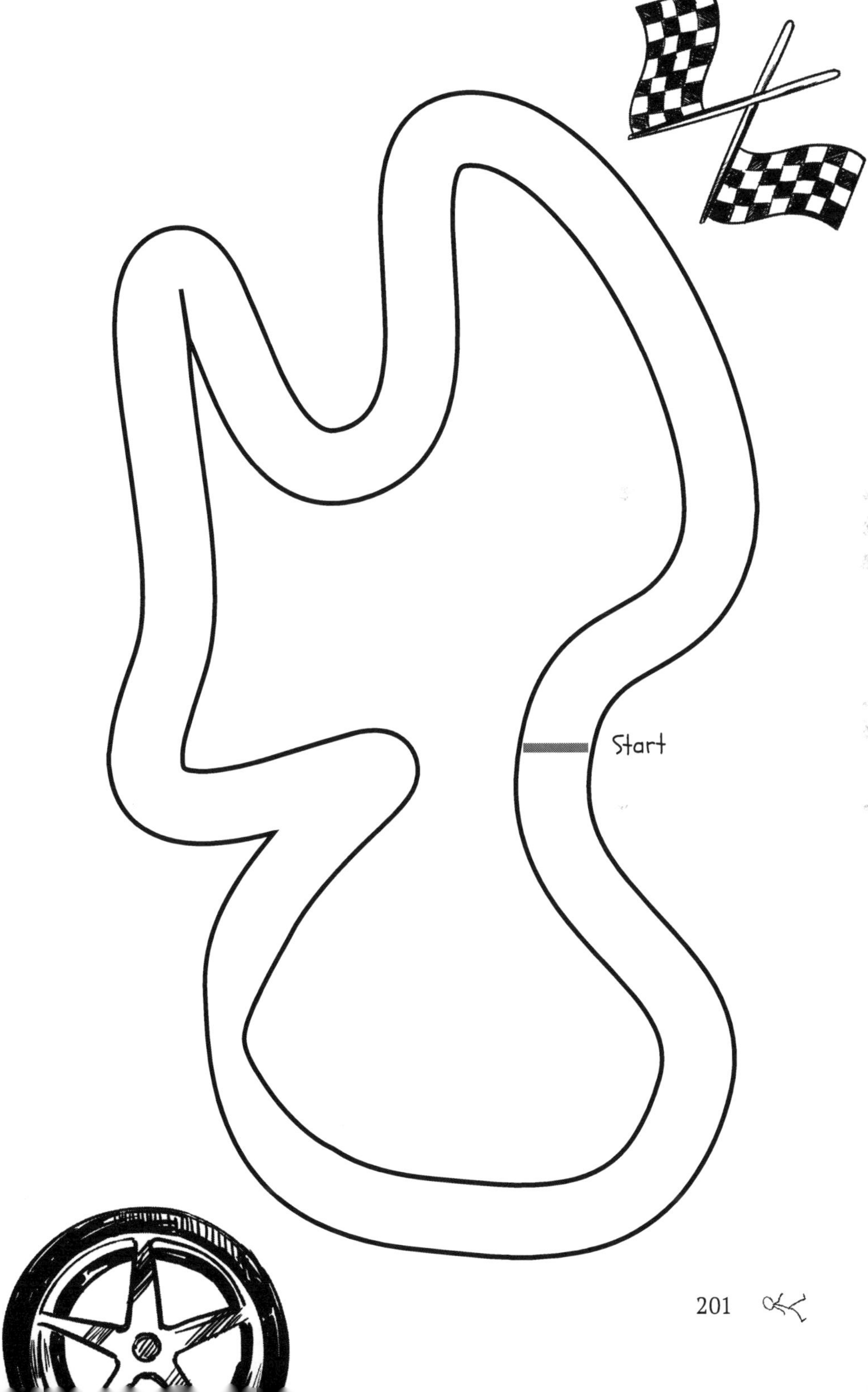
Start

Spiel 56

Quadrate

Du beendest deine letzte Runde innerhalb der Zeit. Deine Nummer wird als siegreich ausgerufen und ein Auto verlässt die Rennstrecke. Wahrscheinlich handelt es sich dabei um den Wagen, der in dich hineinfahren sollte, wenn du das Spiel verloren hättest. Das denkst du dir jedenfalls. Du darfst in den nächsten Raum gehen.

Hier findest du ein riesiges Schachspiel. Der Boden ist das Brett. Wenn du zu lange auf das schwarz-weiße Muster unter deinen Füßen blickst, wird dir schwindelig. In der Mitte des Raums siehst du erneut einige Tische und Stühle. Du nimmst Platz. Die Tische selbst haben ebenfalls ein schwarz-weißes Muster aufgedruckt. Es macht dich noch wahnsinniger als der Boden. Du schaust es dir an und merkst, wie dein Blick unscharf wird …

Du hast ihnen nicht geholfen.

Jetzt erinnerst du dich wieder. Du hast einen Autounfall verursacht, bei dem vier Menschen gestorben sind. Zwei starben noch am Unfallort, die Tochter der Familie erlag im Krankenhaus ihren Verletzungen. Die Mutter – die Frau die dich um Hilfe bat – beging wenig später Selbstmord.

Du bist einfach weitergefahren. Wolltest dich der Verantwortung nicht stellen. Hast nicht geholfen. Wie konntest du das nur verdrängen?

„Zählen Sie die schwarzen Quadrate auf Ihrer Tischplatte. Die Zeit läuft in 3… 2… 1…“

Ein Summen unterbricht deine Gedanken. Konzentriere dich! Du musst diese Spiele hinter dich bringen!

Spielregeln

- Bestimme die Anzahl der schwarzen Quadrate auf dem Muster.
- Schreibe deine Antwort innerhalb von zwei Minuten auf.

Die Lösung findest du auf der nächsten Seite.

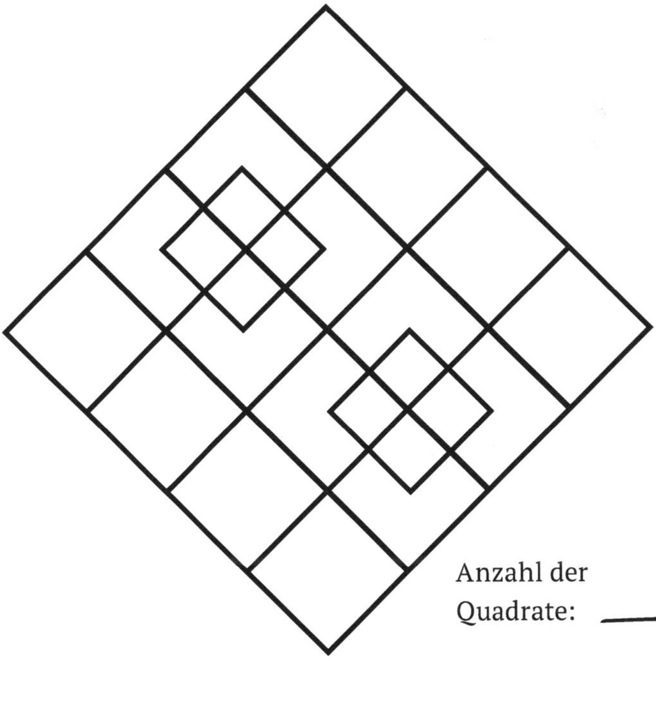

Anzahl der Quadrate: ______

Lösung

Insgesamt enthält die Grafik 40 Quadrate. Teilweise setzen sich große Quadrate aus mehreren Kleinen zusammen.

Spiel 57

Symbole

Die Erinnerung an den Unfall und deine Fahrerflucht haben dich stark zurückgeworfen. Trotzdem schaffst du es, dich gerade genug zu konzentrieren, um die Aufgabe zu erfüllen.

Es wird immer schwieriger, deine Konzentration aufrecht zu halten. Schuldgefühle plagen dich. Wieso hast du ihnen nicht geholfen? Hättest du sie vielleicht sogar retten können, wenn du einfach nur einen Notarzt gerufen hättest? Zumindest das Mädchen und auch die Frau hätten überleben können.

Plötzlich erkennst du das Muster: Der Korridor mit all den Zeitungsartikeln der verstorbenen Menschen. Die Teilnehmer, die weinten und ihre Schuld eingestanden haben. Ihr seid hier, weil ihr das Leben von Menschen auf dem Gewissen habt. Wie hattest du das nur so lange verdrängen können?

Ein lautes Quietschen rüttelt dich aus deinen Gedanken. Die Schachfigur – der König – hat sie sich gerade bewegt? Die Zeit ist abgelaufen. Hinter dem König steckt offensichtlich ein Roboter. Er bewegt sich langsam über das Feld, bis er vor euch zum Stehen kommt.

„Du bist schuldig."

Die Worte kommt aus Lautsprechern, die an der Königsfigur befestigt sind. Kaum sind sie ausgesprochen, landen die

Köpfe derer, die das Spiel nicht rechtzeitig abgeschlossen haben auf den Tischen und dem Boden. Das Blut spritzt dir ins Gesicht.

Du kannst nur schwer atmen. Neben dir schreit eine Frau und rennt weiter zur nächsten Tür. Sie hämmert daran und stolpert in den nächsten Raum. Langsam wischst du dir die Blutspritzer mit deinem Ärmel aus dem Gesicht und folgst ihr.

Die Wände des nächsten Raums sind voller Symbole. Am Eingang bekommt ihr ein Klemmbrett ausgeteilt, auf dem die nächste Aufgabe aufgeführt ist:

„Führe die Reihe fort."

Du blickst auf und erkennst, dass die Uhr im Raum bereits läuft.

Spielregeln

- Vervollständige die Symbolreihen logisch.
- Kreise die passende Antwort ein.
- Du hast drei Minuten Zeit.
- Du musst mindestens zwei Reihen richtig fortführen, um zugewinnen.

Die Lösung findest du auf Seite 208.

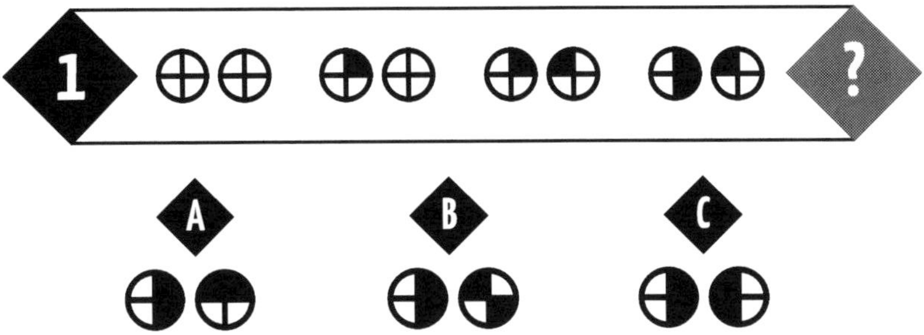
1
?
A
B
C

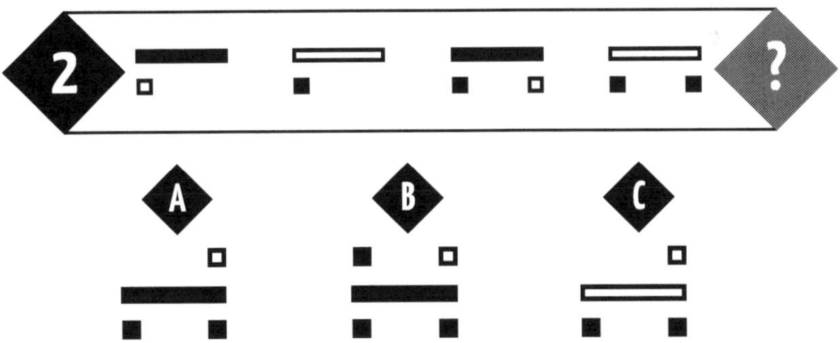
2
?
A
B
C

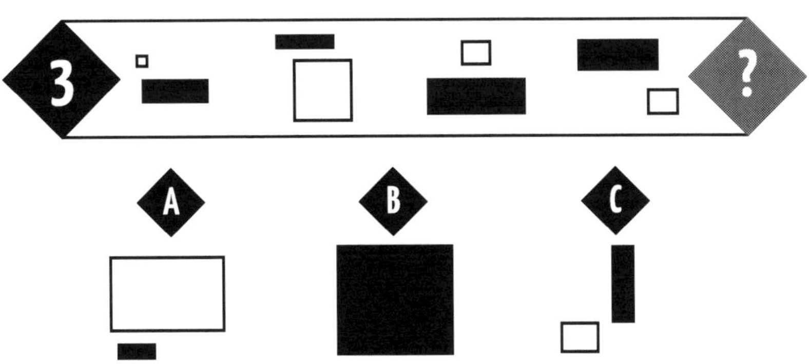
3
?
A
B
C

Lösung

1

Richtige Antwort: C
Die gegenüberliegende Hälften werden ausgefüllt.

2

Richtige Antwort: A
Der Balken wechselt abwechselnd die Farbe, die Quadrate sind erst weiß, dann schwarz, dann kommt ein Neues dazu.

3

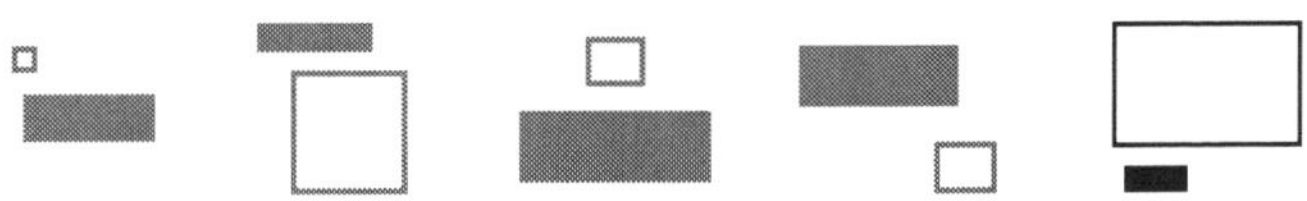

Richtige Antwort: A
Die untere und obere Form wechseln abwechselnd die Farbe.

Spiel 58

Spiegel-ABC

Im nächsten Raum befindest dich du in einer Art Grube, die Wände sind zu hoch und zu steil, um herauszuklettern. Über dir kannst du verschiedene Fahrzeuge erkennen, die man sonst nur von Baustellen kennt. Einen Bagger, einen Zementmixer, einen Kran. Das kann nicht gut enden.

Eine der Erdwände ist verspiegelt. Ein merkwürdiges Gefühl, in einem Erdloch zu sitzen und in einen Spiegel zu blicken. Du siehst, wie sehr dich die Spiele mitgenommen haben. Nicht nur dein Gesicht kommt dir fremd vor, auch deine Hände und deine Kleidung zeigen deutlich die Strapazen, die du bisher überwunden hast.

Auf dem dreckigen Boden zu deinen Füßen sitzen einige der anderen Spieler. Auch sie sehen mitgenommen aus. Solltet ihr je hier rauskommen, werdet ihr nie wieder die gleichen Menschen sein können, wie zuvor.

Dir fällt auf, dass die Spieler jeweils ein Blatt Papier und einen Stift vor sich liegen haben, und schaust dich um. In einer Ecke am Spiegel siehst du die aufgestapelten Schreibwaren und schleppst dich zu ihnen. Du nimmst dir Papier und Stift, als die Lautsprecheransage über dir ertönt:

„Sie haben es zu Runde 71 geschafft. Herzlichen Glückwunsch! Nur noch wenige Spiele sind übrig. Für dieses Spiel schreiben Sie das Alphabet in Spiegelschrift. Um diese Aufgabe zu bestehen, bleiben Ihnen 60 Sekunden."

Eine Uhr fährt daraufhin über euren Köpfen in die Grube. Ihr könnt sie nicht erreichen, aber um die Ziffern zu erkennen, ist sie nah genug. Die Zeit läuft.

Spielregeln

- Schreibe das Alphabet in Spiegelschrift.
- Die Reihenfolge muss eingehalten werden.
- Umlaute wie Ä, Ö und Ü sowie ß sind von der Aufgabe ausgenommen.
- Das Zeitlimit liegt bei 60 Sekunden.
- Um dein Ergebnis zum Überprüfen, falte die Lösungsseit um.
- Nur wenn alle deine Buchstaben korrekt spiegelverkehrt abgebildet sind, gewinnst du.

Die Lösung findest du auf Seite 212.

A

B

C

A N
B O
C P
D Q
E R
F S
G T
H U
I V
J W
K X
L Y
M Z

Lösung

Falte die Seite an der gestrichelten Linie um, und du kannst deine Antwort mit der Lösung überprüfen.

Falten

Spiel 59

Was passt nicht?

Beinahe hättest du dich noch bei dem Z vertan. Aber du hast es noch geschafft, zum Glück innerhalb der vorgegebenen Zeit.

Kaum legst du den Stift zur Seite, wird eine Leiter für dich hinuntergelassen, an der du hochkletterst. Zeitgleich ist die letzte Sekunde auf der Uhr verstrichen und eine graue Masse wird in die Grube gekippt. Zement? Beton? Was es auch ist, du solltest schnellstens aus diesem Erdloch raus!

Bis du das obere Ende erreicht hast und dich über den Rand ziehst, ist die Masse schon beinahe fest geworden. Die Spieler, die es nicht geschafft haben, sind unter der Masse verschwunden, die etwa die Hälfte der Grube ausfüllt.

Oben angekommen siehst du dich um und entdeckst die rote Tür zum nächsten Raum.

Du befindest dich in einem Raum, der fast vollständig aus mit Polstern ausgekleideten Wänden besteht. Eine Gummizelle. Du wartest auf die Ansage aus dem Lautsprecher. Dabei fällt dir etwas ein. Hatte die letzte Ansage angekündigt, dass nur noch wenige Spiele übrigbleiben?

Das ist der erste Hinweis, den ihr überhaupt auf die Beendigung dieses kranken Wahnsinns bekommen habt. Aber was bedeutet „nur noch wenige Spiele“? Drei? Zehn?

Ein Tisch mit einem Aufgabenblatt darauf steht in der Mitte.

„Nehmen Sie Platz und bearbeiten Sie die Aufgabe."

Deine Handflächen sind schwitzig. Plötzlich wird dir klar, dass es ungewöhnlich heiß in dem Raum ist. Auch die anderen Mitspieler schwitzen. Es wird immer heißer. Lange ist das nicht auszuhalten. Du solltest die Aufgabe schnell hinter dich bringen.

Spielregeln

- Sieh dir die Wörter in den Reihen genau an.
- Finde in jeder Reihe ein Wort, das nicht zu den anderen Begriffen in der Reihe passt.
- Streiche es durch.
- Vergleiche deine Antwort mit den Lösungen.
- Nur wenn du mindestens vier von sechs Reihen korrekt gelöst hast, gewinnst du das Spiel.

Die Lösung findest du auf Seite 216.

1

- Kirsche
- Apfel
- Erdbeere
- Rhabarber

2

- Burrata
- Linguine
- Farfalle
- Tagliolini

3

- Malinois
- Barsoi
- Mastiff
- Macaron

4

- Rot
- Gelb
- Grün
- Blau

5

- Rappe
- Schwarz
- Schimmel
- Falbe

6

- Roggen
- Dinkel
- Buchweizen
- Gerste

Lösung

1 Rhabarber passt nicht in die Reihe. Apfel, Kirsche und Erdbeere gehören zum Obst, während **Rhabarber** ein Gemüse ist.

2 Linguine, Tagliolini und Farfalle sind Nudelsorten, **Burrata** ist hingegen ein italienischer Frischkäse.

3 Das **Macaron** ist ein französisches Gebäck. Barsoi, Malinois und Mastiff sind Hunderassen.

4 **Grün** passt nicht in die Reihe. Rot, Gelb und Blau gehören zu den Primärfarben – Grün nicht.

5 **Schwarz** ist hier fehl am Platz: Rappe, Falbe und Schimmel sind Fellfarben von Pferden. Rappe ist dabei die Bezeichnung für ein Pferd mit schwarzem Fell.

6 Gerste, Dinkel und Roggen sind Getreidearten – **Buchweizen** ist lediglich ein Pseudogetreide.

Spiel 60

Game of Squids

Geschafft. Die Hitze ist nun kaum noch zu ertragen. Du fühlst dich, als seist du zu lange in einer Sauna. Deine Sicht verschwimmt, dir wird schwindelig. Du siehst dich um und erkennst, dass es keine rote Tür im Raum gibt.

War also alles eine Lüge? Werdet ihr alle hier sterben, egal ob du die Aufgabe bestanden hast? Du hast doch die falschen Begriffe erkannt! Du hast nicht geschummelt, keinem geholfen, alles getan, was von dir verlangt wurde. Das Schwindelgefühl wird immer stärker. Du fällst …

Doch jemand fängt dich auf. Nur halb bei Bewusstsein wirst du aus dem Raum gezogen. Die Tür war dieses Mal nicht rot. Sie war nicht ersichtlich in der Wand eingelassen, allein hättest du sie nie gefunden.

Sobald du aus der heißen Luft herauskommst, schalten sich auch deine Sinne langsam wieder scharf. Du befindest dich jetzt auf einem Innenhof. Außer dir ist nur noch ein weiterer Spieler übrig. Der Rest ist wohl in dem heißen Raum zurückgeblieben und dort gestorben. Ihr steht in der Mitte des Hofes in einem mit Kreide markierten Kreis, darin ein Symbol. Es ist das gleiche Symbol, das damals auf dem Paket vor deiner Haustür war.

Außerhalb des Kreises fängt der Boden plötzlich an, sich zu verschieben. Er fährt zurück und gibt den Blick auf darunterliegendes Wasser frei. Aus dem Kreis, auf dem ihr standet, ist eine Plattform geworden, die von Wasser umgeben ist. Doch das ist noch nicht alles. Du siehst, wie sich etwas im Wasser bewegt. Etwas Großes. Ein Tentakel durchbricht die Oberfläche. Dann ein zweiter. Der Größe nach zu urteilen, muss es sich bei dem Tier um einen Riesenkalmar handeln. In einer Doku hast du gehört, dass die Meerestiere leicht über zehn Meter groß werden können. Sie sind Jäger. Fällst du ins Wasser, bist du tot.

Auf der Plattform fällt dir etwas auf: Vor dir auf dem Boden liegt erneut eine Münze.

Spielvorbereitung

- Schneide die Seite aus dem Buch und lege sie ca. 1,5 Meter (1,5 große Schritte) von dir entfernt auf den Boden.
- Stelle ein leeres Glas mittig auf das Symbol.
- Nimm die Münze in die Hand.

Plötzlich erklingt eine Lautsprecheransage:

„Willkommen zum letzten Spiel. Dies ist das Game of Squids. Gewinnen Sie dieses Spiel, sind Sie frei. Die Spielregeln lauten wie folgt:

Spielregeln

- Stehen Sie während des gesamten Spiels auf einem Bein.
- Werfen Sie die Münze auf das Symbol (in das Glas), das vor Ihnen auf dem Boden markiert ist.
- Sie haben so viele Versuche, wie Sie benötigen.
- Sie können die Münze immer wieder zurückholen, sollten Sie nicht getroffen haben. Es gibt kein Zeitlimit.
- Setzen Sie das zweite Bein ab oder stützen sich auf eine andere Art ab, verlieren Sie jedoch.

Viel Erfolg. Das Spiel beginnt nach dem Ton."

Epilog

Du hast gewonnen. In dem Moment, als deine Münze trifft, füllen Schüsse den Raum. Der andere Spieler fällt zu Boden.

Sein Blut, das sich langsam auf dem Boden ausbreitet, wird von dem Konfetti verdeckt, das plötzlich die Luft erfüllt. Eine fröhliche Musik spielt, fast wie bei einer Parade.

„Wir haben einen Gewinner! Herzlichen Glückwunsch!“

Der Boden schiebt sich wieder über das Wasser. Etwa zwanzig Leute, alle in Schwarz gekleidet und mit verhüllten Gesichtern, kommen auf dich zu. Einer von ihnen trägt ein Geschenk vor sich, das er dir überreicht. Es ist ein schwarzes Päckchen mit einer pinken Schleife.

Als du die Schleife löst, dringt dichter Rauch aus dem Paket.

Du erwachst vor deiner Haustür. Wie du hierhergekommen bist, ist dir ein Rätsel. Neben dir steht ein weiteres schwarzes Paket mit pinker Schleife. Darauf liegt ein Brief:

„Wir gratulieren Ihnen zu Ihrem wohlverdienten Sieg! Wir hoffen, Sie haben die Zeit mit uns ebenso genossen wie wir.

Die Spiele sind vorbei, doch eine letzte Aufgabe bleibt noch. Jeder Sieger hat das Vergnügen, eine Person seiner Wahl für die nächsten Spiele zu nominieren.

Bitte schreiben Sie uns den Namen der ausgewählten Person auf das beiliegende Formular.

Es war uns eine Freude! Für die Zukunft wünschen wir Ihnen alles Gute."

Es ist also tatsächlich vorbei. Du hast es geschafft, diesem Ort zu entkommen. Hast die Spiele gemeistert. Eine letzte Aufgabe gilt es aber noch zu erfüllen. Welchen Namen möchtest du auf das Formular schreiben?

Hier kannst du einen Namen notieren,
bevor du umblätterst:

____

Hast du einen Namen aufgeschrieben? Dann lies ab hier weiter. Falls du keinen Namen notiert hast, fahre ab Seite 227 fort.

Es gibt nur einen Namen, der dir sofort in den Sinn kommt. Du schreibst ihn in das vorgesehene Feld und lächelst dabei. Die Vorstellung, wie sich diese Person durch die gleichen Spiele kämpfen muss wie du, gefällt dir. Dass die Person es weit bringen wird, bezweifelst du.

„Du hast deine Lektion nicht gelernt."

Du drehst dich erschrocken zu der Stimme hinter dir um und siehst eine Person mit Maske und Strick. Ehe du reagieren kannst, zieht der Strick sich um deinen Hals und du röchelst. In deinen letzten Sekunden scheint sich die Zeit zu verlangsamen. Aber du hast doch gewonnen? Wieso wirst du jetzt trotzdem getötet? Die Lektion nicht gelernt? Welche Lektion?

Dann fällt dir der Grund wieder ein, weshalb du überhaupt bei den Spielen gelandet bist. Du hast das Leben von Menschen auf dem Gewissen. Du hast dich bewusst dazu entschieden, sie sterben zu lassen, statt ihnen zu helfen.

Und das gleiche wolltest du gerade wieder tun. Einem Menschen das Leid der Spiele aufzwingen. Ihn sterben lassen. Jetzt verstehst du es. Dein Körper gleitet auf den Boden. Du bist tot.

Blättere auf Seite 228.

Du hast keinen Namen aufgeschrieben? Dann lies ab hier weiter.

Einen Namen aufschreiben? Du sollst einem anderen Menschen das antun, was du selbst nur gerade so überlebt hast?

Das ist grausam. Aber es ist eine Aufgabe. Wenn du sie nicht erfüllst, wirst du wahrscheinlich getötet. Doch diese Spiele … sie sind einfach zu viel. Das kannst du niemandem antun. Du lässt die Hand, in der du den Brief hältst, sinken.

Die Spiele sind vorbei. Stand das nicht ebenfalls in dem Brief? Du hast keine Lust mehr auf irgendwelche Spiele.

Der Brief gleitet zu Boden. Auf dem Formular steht kein weiterer Name.

Solltest du für die Verweigerung dieser letzten Aufgabe nicht umgebracht werden, nimmst du dir vor, dein Leben dafür zu verwenden, den Menschen zu helfen und deine Schuld zu begleichen.

Und das tust du auch.

Blättere auf Seite 228

Die Abrechnung

Die Spiele sind vorbei. Konntest du überleben? Wirf zum Schluss noch einen Blick auf die Wall-of-Shame auf Seite 10. Zähle deine gesammelten „Killed-Smileys zusammen. Wie gut hast du abgeschnitten?

0 bis 3

Absoluter Überlebenskünstler

Du bist ein Allround-Talent. Du glänzt in den Disziplinen Wissen, Kraft und Geschick. Ein wahrer Meister des Game of Squids.

4 bis 8

Solide Leistung

Nicht jedes Spiel konntest du meistern. Mit dem Ergebnis kannst du dennoch zufrieden sein. Mit Biss und Köpfchen konntest du dich durchkämpfen.

9 bis 15

Mittelfeld

Es war nicht immer einfach, doch du hast nicht aufgegeben und dich weiter durchgekämpft.

16 bis 24

Durchgeschleift

Als echter Sieger gehst du nicht vom Feld, sondern reihst dich im Durchschnitt ein. Das Ergebnis ist okay, wenn auch mehr drin gewesen wäre.

über 25

Autsch

Das war wohl nichts. Die Spiele haben dir zu viel abverlangt. Gönn dir eine Pause.

Glaubst du, du bist der perfekte Überlebende? Dann fordere deine Freunde zum Game of Squids auf und erzähle ihnen von diesem Buch.